现代企业人才管理问题研究

张 扬 著

中国社会科学出版社

图书在版编目(CIP)数据

现代企业人才管理问题研究/张扬著.—北京：中国社会科学出版社，2016.7
ISBN 978-7-5161-8669-5

Ⅰ.①现… Ⅱ.①张… Ⅲ.①企业管理—人才管理—研究 Ⅳ.①F272.92

中国版本图书馆 CIP 数据核字(2016)第 175059 号

出 版 人	赵剑英
责任编辑	王　琪
责任校对	胡新芳
责任印制	王　超

出　　版	中国社会科学出版社
社　　址	北京鼓楼西大街甲 158 号
邮　　编	100720
网　　址	http://www.csspw.cn
发 行 部	010-84083685
门 市 部	010-84029450
经　　销	新华书店及其他书店

印　　刷	北京君升印刷有限公司
装　　订	廊坊市广阳区广增装订厂
版　　次	2016 年 7 月第 1 版
印　　次	2016 年 7 月第 1 次印刷

开　　本	710×1000　1/16
印　　张	15.5
插　　页	2
字　　数	210 千字
定　　价	59.00 元

凡购买中国社会科学出版社图书，如有质量问题请与本社营销中心联系调换
电话：010-84083683
版权所有　侵权必究

目 录

导 论 ……………………………………………… (1)
    第一节 问题的提出 ……………………………… (1)
    第二节 国内外研究综述 ………………………… (4)
    第三节 研究内容与方案 ………………………… (19)

第一章 相关概念解析 ……………………………… (26)
    第一节 企业 ……………………………………… (26)
    第二节 管理 ……………………………………… (32)
    第三节 人力资源与人力资源管理 ……………… (44)
    第四节 人才与人才管理 ………………………… (55)
    第五节 战略与战略管理 ………………………… (76)

第二章 相关理论概述 ……………………………… (87)
    第一节 企业管理理论 …………………………… (87)
    第二节 人力资源管理理论 ……………………… (92)
    第三节 战略管理理论 …………………………… (99)
    第四节 企业创新管理理论 ……………………… (104)

第三章 企业人才管理的本质分析 ………………… (108)
    第一节 企业人才的内涵分析 …………………… (108)

第二节　企业人才管理的内涵分析 …………（112）
　　第三节　现代企业人才管理的本质 …………（127）
　　第四节　现代企业人才管理的发展趋势 ………（132）

第四章　企业发展与人才管理的关系 ……………（139）
　　第一节　现代企业重视人才管理的原因分析 ……（140）
　　第二节　企业发展与人才管理的宏观关系 ………（144）
　　第三节　企业发展与人才管理的微观关系 ………（147）

第五章　我国企业人才管理的现状与问题 …………（154）
　　第一节　人才流失现象较为严重 ………………（154）
　　第二节　企业人才管理的和谐度普遍较差 ………（161）
　　第三节　企业人才管理的营销意识欠缺 …………（166）
　　第四节　企业人才管理难以适应知识经济的挑战 …（172）
　　第五节　企业人才管理体制不完善 ……………（178）

第六章　走向人才战略管理的建议 …………………（185）
　　第一节　多种方式吸引并留住人才 ……………（186）
　　第二节　构建高效的人才管理体制 ……………（191）
　　第三节　形成高度认同的组织文化 ……………（197）
　　第四节　提高人才管理的信息化水平 ……………（201）
　　第五节　提升人才管理的和谐度 ………………（208）

参考文献 ……………………………………………（214）

后　　记 ……………………………………………（242）

导 论

第一节 问题的提出

一 研究背景

人才资源是第一资源。整部人类文明进化史其实就是一部人才发展史，各类人才在人类历史各个时期都发挥着无比重要的作用。当今世界，经济全球化不断深入、科学技术迅猛发展、国际竞争日趋激烈，所有这些进步究其实质都是人才在推动。作为经济社会细胞的企业，其发展对人才的倚重也越来越明显。人才不够用、不适用、用不好等各种问题给企业带来了巨大挑战，基于此，企业传统的人力资源管理机制迫切需要改进与提升到人才管理的层面。

随着知识经济时代的深入发展，知识在市场竞争中的重要性越来越大，知识的获取和使用也成为企业提升竞争力的关键，因此知识型人才的获取和发挥作用是企业在竞争中获取优势的决定性因素。只有吸引更多的人才参与到企业的生产经营中来，并且做好现有人才的管理服务工作，才能提升本企业的核心竞争力。

但我国社会主义市场经济体制建立时间还不长，还有很多需要进一步完善的地方。比如，我国企业普遍存在企业人才流失严重、企业人才管理和谐度较差、企业人才管理营销意识欠缺、企业人才管理体制不完善、企业人才管理难以适应知识经济带来的挑战等诸多问题。现阶段如何针对我国企业人才管理存在问题提出相应解决措施，是充分发挥人才潜力，促进企业发展和经济增长的关键所在。

传统意义上的人力资源管理已无法适应知识经济带来的新挑战，进一步改革完善企业人力资源管理使之上升到企业人才管理的轨道上来，是现代企业竞争的必然要求。当然，知识经济时代是知识、科技、信息等瞬息万变的时代，企业人才管理也应顺应形势，不断改革完善。

因此，我国现代企业人才管理必须有新的思路。本书认为，企业人才管理的新思路就在于必须站在人才战略的高度去推动企业发展，即从企业长远发展的战略高度，有计划、分阶段、有步骤地吸引并留住人才，构建高效的人才管理体制、形成高度认同的组织文化、提高人才管理的信息化水平、提升人才管理的和谐度等。

二 研究意义

本书认为，企业人才管理问题研究最终要落实到企业人才战略研究上。人才战略是当今乃至以后相当长时间内企业发展的核心战略之一。在企业竞争中，人才是企业的核心资源之一，人才战略应处于企业战略的核心地位。企业的发展取决于企业战略决策的制定，企业的战略决策基于企业的发展目标和行动方案的制定，而最终起决定作用的还是企业高素质人才的数量和质量。有效地利用与企发展战略规划相适应的管理和专业技术人才，最大限度地发挥他们的才能，是推动企业发展战略的实施、促进企业的跨越式发展的有效手段。自20世纪70年代起，人才战略已成为国外众多企业战略管理的重要组成部分。

人才战略实质上就是在预测未来的组织任务和环境对组织的要求，以及为完成这些任务和满足这些要求而进行的人才方面的战略规划和布局。人才战略主要功能和目的在于预测企业人才的需求和可能的供给，确保企业在需要时相应的岗位能获得所需的专业技术人才。实际上人才战略是一项系统的战略工程，它以企业发展战略为指导，以全面核查现有人力资源、分析企业内外部条件为基础，以预测组织对人才的未来供需为切入点，内容包括人才的引进、配置、激励、培养、开发、使用等，基本涵盖了人力资源的各项管理工作。人才战略还通过人事战略的制定对人才管理活动产生持续和重要的影响。在人才管理职能上，人才战略具有战略性和权变性。组织发展战略及目标、任务、计划的制订与人才战略及计划的制订紧密相连。人才战略规定了招聘和挑选人才的目的、要求及原则；人员的培训和发展、人员的余缺都得依据人才战略进行实施和调整；员工的报酬、福利等也是依据人才战略中规定的政策实施的，在企业的人才管理活动中，人才战略不仅具有先导性和战略性，而且在实施企业目标和规划过程中，它还能不断调整人才管理的政策和措施，指导人才管理活动。

因此，人才战略处于整个人才管理活动的统筹阶段，有着重要的作用：一是提高企业的绩效。企业的绩效是通过向顾客有效地提供企业的产品和服务体现出来的，而企业中的人才就是设计、生产和提供这些产品和服务的人员。人才战略的重要目标之一就是实施对企业发展有益的活动。二是增强企业的人才资源。人才资源是企业人力资源的全部价值，它由企业中的人及他们所拥有并能用于他们工作的能力构成。在企业的实际人才管理的工作中，存在着投入的成本和产出的价值之间的矛盾：行政管理和事务管理需要投入大量的人力资源成本，但并不能创造出最大的价值，人才管理相对需要投入的人力资源成本较少，却能产生最佳的附加价值。

随着社会经济的发展，国内外企业都受到资金、规模、成本、管理、国家政策等多重因素的影响，在企业人才管理方面出现困境，为企业进一步发展增加了难度。如何引进人才、留住人才、培养人才并做到人尽其才，是未来企业最值得思考的重要问题之一。本书结合中国国情，研究我国企业人才战略管理的理论特点、实践模式、优势和不足、创新和发展，具有一定的理论意义和实践意义。

第二节　国内外研究综述

一　国外文献述评

（一）关于人力资源的研究

早在 20 世纪以前，英国古典经济学家就已经开始意识到人力资源的重要性，并进行了大量研究，为以后相关的研究提供了思路和借鉴意义。威廉·配第（William Petty）

提出了"土地是财富之母，劳动是财富之父"[①]的著名论断，深刻揭示了劳动对创造财富的决定性作用。亚当·斯密（Adam Smith）指出，提高人的素质具有重要意义，教育是具有较强经济价值的。[②] 但是直到20世纪中期，西方传统经济学界仍然一致认为人是"非资本"要素，并没有把人力资源视为资本。事实上，古典经济学对劳动力界定，只是一种最原始、最简单的体力劳动力，仅是劳动人口的简单叠加，并没有包含知识和技能的贡献。所以，在某种程度上，这些类型的劳动力，还不能称作现代意义上的严格的人力资源。

20世纪60年代，美国诺贝尔经济学奖获得者西奥多·舒尔茨（Theodore W. Shultz，1960）开创性地提出了人力资本理论，并对人力资源与人力资本做了区分。他认为，人力资源仅仅是人体上的知识、能力和健康的综合体现，是一切资源中最为主要的资源。人力资源是对经济社会发展产生影响的，人的质量的好坏决定着经济发展的快慢，自然资源的丰缺和资本存量的多少对经济社会发展影响有限。他还指出，一个国家人们受教育程度和科技文化水平越高、能力越强，人力资本存量则越大，国内的人均产出或劳动生产率就越高。因此，人力资本具有收益递增、使物力资本的生产效率得到提高的特点。西奥多·舒尔茨认为以下六种人力资本投资方式是有效的：一是正规的初、中、高级教育；二是企业中的在职训练；三是厂商提供的成人教育训练和农村推广教育；四是提高企业职工

[①] ［英］配第：《赋税论》，邱霞、原磊译，华夏出版社2006年版，第1页。
[②] ［英］亚当·斯密：《国富论》，谢宗林、李华夏译，中央编译出版社2012年版，第1页。

的劳动能力等；五是适应变化着的就业机会而导致的迁移；六是保健设施和服务的完善。①

美国著名学者加里·贝克尔（Garys Becker，1964）在舒尔茨等人的研究基础上，对人力资本和技术进步内生化进行了深入探索。他从人力资源的微观层面拓展到宏观层面，对人力资本理论进行丰富与完善，提出了以人力资本为核心的新经济增长模型。他认为，人力资本投资不同于其他资本投资目的（主要是考虑当前的经济收益），人力资本投资考量的是未来收益。② 同时，他还提出了人力资本投资收益率计算公式和年龄收入曲线。其研究表明，物力资本投资的综合收益小于人力资本投资的综合收益，人口质量的作用远大于人口数量对社会的贡献，人力资本投资的主要内容是教育投资。他还提出，人一生中的最佳投资量随年龄增长而下降。因此，从个人收益考虑，对年轻人进行人力资本投资有利于社会发展。

保罗·罗默（Paul M. Romer，1986）和罗伯特·卢卡斯（Robert Lucas，1988）从人力资本差异视角，阐述了人力资本存量对经济增长率与对人均收入贡献的差异，提出了经济增长率取决于人力资本存量而非大量的人口。卢卡斯认为，经济增长的核心驱动力是人力资本积累，人力资本主要通过"边干边学"（即"干中学"模式）和学校正规教育两种途径积累形成。

（二）关于人力资源管理的研究

人力资源管理这一概念由彼得·德鲁克于1954年在

---

① ［美］西奥多·W. 舒尔茨：《论人力资本投资》，吴珠华等译，北京经济学院出版社1990年版，第12—22页。

② ［美］加里·贝克尔：《人力资本理论》，中信出版社1964年版，第5—20页。

《管理的实践》[①]一书中首次提出。1958年，怀特·巴克（Wright Bakke）在《人力资源职能》一书中首次将人力资源管理作为一种管理职能加以论述。里奥纳德·那勒基于组织绩效与个人发展视角，将人力资源管理界定为一段特定的时间内，为增加雇员提升岗位绩效和发展自己，由雇主提供的有组织的工作与学习体验。德鲁克（Drucker，1954）与巴克（Bakke，1958）认为，人在生产过程中只要一个人对另一个人进行了协调和控制，就表明他实施了人力资源管理，人力资源的目的应当是对工作场所的个体进行适当管理。彼得森（Peterson，1979）与德斯勒（Dessler，1986）指出人力资源管理是员工管理专业化和职业化的结果。包括员工招聘、培训、开发、薪酬福利、绩效管理等专业技术，他们强调员工对组织的价值性，更加重视"人本主义"的管理实践，并将人力资源管理和人事管理区别开来。雷蒙德·A. 诺伊认为，人力资源管理包括工作分析与工作设计、吸引潜在员工、挑选雇员、教导雇员如何完成工作和为将来做准备、评估雇员的表现、酬劳雇员、创造积极的工作环境、支持组织战略。[②]

（三）关于人力资源战略的研究

关于人力资源战略，美国人力资源管理学者舒勒和沃克（Schuler & Walker，1990）所下的定义是："程序和活动的集合，它通过人力资源部门和业务部门的努力来实现企业的战略目标，并以此来提高企业目前和未来的绩效及

[①] ［美］彼得·德鲁克：《管理的实践》，齐若兰译，机械工业出版社2015年版，第1页。

[②] ［美］雷蒙德·A. 诺伊等：《人力资源管理基础》，刘昕译，中国人民大学出版社2011年第3版，第10页。

维持企业竞争优势。"[①] 而库克（Cook，1992）则认为，人力资源战略是指员工发展决策以及处理对员工具有重要和长期影响的决策。它表明了企业人力资源管理的指导思想和发展方向，并给企业的人力资源计划和发展提供了基础。[②] 科迈斯—麦吉阿（Comez-Mejia，1998）等人则把人力资源战略定义为：企业慎重地使用人力资源，帮助企业获取和维持其竞争优势，它是组织所采用的一个计划或方法，并通过员工的有效活动来实现组织的目标。[③]

关于人力资源管理与战略管理的关系，劳伦斯·S.克雷曼（Lawrence S. Kleiman）分析了人力资源管理活动如何直接地、间接地影响企业竞争优势。[④] 他认为有效的招聘、选择、培训、薪酬等人力资源管理活动将直接使企业获得成本领先与产品差异化的竞争优势；有效的人力资源管理通过"人力资源管理实践—以雇员为中心—以组织为中心—竞争优势"的渠道间接影响企业的竞争力。关于人力资源战略在企业整个战略体系中的地位，李·戴尔（Lee Dyer）认为，人力资源战略与企业战略主要包括整体过程、并列过程和单独过程三种。[⑤]

（四）关于人才管理的研究

在西方，一般认为，人才管理最早是由麦肯锡于1998

[①] [美]舒勒、沃克：《人力资源开发与管理》，刘海平等译，北京大学出版社2000年版，第205页。
[②] [美]蒂姆·库克：《管理学原理》，陈小鲁等译，清华大学出版社2010年版，第317页。
[③] [美]科迈斯—麦吉阿等：《薪酬设计与原理》，马凯鑫等译，高等教育出版社2011年版，第114页。
[④] [美]劳伦斯·S.克雷曼：《人力资源管理：获取竞争优势的工具》，孙非等译，机械工业出版社2003年版，第89页。
[⑤] [美]李·戴尔：《人力资源管理战略》，韩亚等译，九州出版社2007年版，第92页。

年在其著作《"人才战争"研究》中提出的[1]，之后很多学者也对人才管理提出了自己的解释。英国人力资源管理学会（CIPD）也为人才所具备的能力进行定义，认为人才所具备的能力存在于组织中的个体成员身上，个体成员通过发挥自身潜能可以为组织的发展做出贡献。[2] 通过梳理现有文献，笔者发现学者们对于人才管理、能力战略、人力资源管理常常混淆，对人才管理的解释也是多种多样。

西方近代以来的人才管理具有四个代表时期。以马克斯·韦伯（Max Weber）和弗雷德里克·温斯洛·泰勒（Frederick Winslow Taylor）为代表的学者根据"经济人"观点认为，如果能学会并掌握一定数量的规则和技术，比如工作划分、最大控制幅度、使职权相符的规则等，那就解决了人才管理的根本问题。这一时期的学者认为人都厌恶劳动，但受利益的驱使，人可以被金钱收买。基于"经济人"观点的人才管理，并不适应生产力发展的需要。

20世纪20—60年代，西方在人才管理上，用"社会人"的观点取代了"经济人"的观点。提出"社会人"观点的代表人物是乔治·埃尔顿·梅奥（George Elton Mayo）和他的助手英里茨·罗竹利斯伯格。这一阶段的人才管理开始注重人的情感和心理，以及人的社会性质的作用。随后的研究中发现，人都具有自我监督、自我指挥和"自我实现"等能力，管理中应将人视为"自动人"。在这一阶段中亚伯拉罕·马斯洛（Abraham H. Maslow）提出了需求层次理论，弗雷德里克·赫兹伯格（Fredrick

---

[1] E. G. Chambers, M. Foulon, H. Handfield-Jones, S. M. Hankin and E. G. Michaels, "The War for Talent", *McKinsey Quarterly*, Vol. 3, 1998, pp. 44–57.

[2] CIPD, *Talent: Strategy, Management, Measurement*, CIPD, London, 2007.

Herzberg）提出了"激励双因素理论"，以"经济人"为基础的观点被称为"X理论"，以"自动人"为基础的观点则称为"Y理论"。随后的"复杂人"时期认为，由于人本身就是复杂多变的个体，所以人可适合于各种管理方式，究竟适合于何种方式，取决于人本身的动机、能力及工作性质，没有一种管理办法适用于任何人。因此，在人才管理中，要注意实际情况，随机应变地采取适当的原则和方法。

（五）总结与思考

以上是西方学者对于人力资源、人力资源管理、人力资源战略、人才管理等的概括和总结，综上可以有以下几点结论和思考：一是国外学者早期对"人力资本"、"人力资源"没有严格的界限，并且侧重从经济学角度对其进行定义，此时人才的内涵就是人力资本或人力资源。所以，西方经济学上所称的人力资源、人力资本都是与通俗意义上的人才相关的。二是企业人力资源战略依据企业整体战略制定，是系统化的、战略性的人力资源管理过程，目的是提高企业整体的、持续的竞争优势，并促成企业整体战略的实现。三是企业人才战略是指企业领导者从组织的全局上、整体上和企业长远的、根本的利益出发，通过周密的科学论证，所设计的具有方向性的、指导性的、可操作性的实施人才管理与开发的理念、方针、原则、策略与行动计划。

二　国内文献述评

（一）关于人才概念的研究

"人才"一词极具中国特色。在浩如烟海的中国古籍中，自古以来就有非常丰富的关于人才的相关论述，但是关于人才概念的科学考察，还是起源于新中国成立特别是改革开放以来，并随着中国人才学的诞生而发展起来的。赵恒平、雷卫平的研究指出，"人才"这一概念在我国当下的发展已经历了以下四个阶段：第一阶段是1979年至1982年，这个阶段是萌芽阶段，在该阶段，随着人才学的兴起，只有少数学者揭示了人才概念的两点本质属性：一是强调"创造性劳动"；二是强调"贡献"。第二阶段是1983年至1990年，这个阶段是形成阶段，在该阶段深入揭示人才的内涵：一是进一步强调了人才劳动的特征是创造性劳动；二是强调了人才的贡献大于一般人；三是强调了人才通过自己的活动，产生的社会作用是推动人类社会的进步；四是强调了各个不同的实践领域都可以出人才。第三阶段是1991年至2003年，这个阶段是丰富和完善阶段。该阶段继续探讨人才概念的实质问题，人才概念的内涵和外延进一步丰富完善。第四阶段是2004年至今，这个阶段是深化阶段，深化的标志是中央人才工作会议的召开并提出科学人才观的概念。[1]

这期间，对于人才概念做出重要贡献的主要专家有雷祯孝、王通讯、叶忠海、罗洪铁、乔盛、吴江、潘晨光、郝铁川、王辉耀等。这些学者不仅对人才概念进行了深入的探究，还直接推动了中国现代人才学的产生、发展。

（二）关于人力资源的研究

人力资源这一概念是舶来品。因此，国内学者关于人力资源的研究实际上是在西方学者研究的框架内进行的，

---

[1] 赵恒平、雷卫平编著：《人才学概论》，武汉理工大学出版社2009年版，第1—3页。

主要是解释人力资源观念的内涵和外延等，这种解释和介绍性的研究主要集中在20世纪初。

吴文武认为，人力资源能够推动经济和社会发展，是具有体力劳动或智力劳动人口的总和，衡量方式一般包含两个指标：数量和质量。[①] 周坤把人力资源分为初级人力资源和高级人力资源两个层次。其中，人的体力、经验、生产知识和技能属于人力资源的初级层次，人的天赋、才能和智慧是人力资源的高级层次。[②] 丁栋虹、刘志彪认为，按特质的不同，人力资源可分为异质型和同质型两大类。[③] 张德从人力资源的存量与劳动者界定的视角提出，人力资源是处于劳动年龄段内的、已经投入经济建设和尚未投入经济建设的人口的能力。[④] 赵曙明则从人力资源在战略上的角度认为，人力资源是指依附于劳动者身上的、可以用数量和质量表示的资源，是一种生产能力，对经济发展起着决定性的作用，是最活跃、最积极、最具主动性、能使国民收入持续增长的生产要素，是开发和利用自然资源、积累和创造物质资本、促进和发展国民经济、推动社会变革的主要力量。[⑤] 廖泉文指出，人力资源作为第一资源，是能够推动整个经济和社会发展的资源，是具有智力劳动能力和体力劳动能力所有劳动者的总称，一般有数量和质量两个衡量指标。人力资源是各种生产要素中最积极、最

[①] 吴文武：《中国人力资源开发系统论》，中国建材工业出版社1996年版，第5页。
[②] 周坤：《论人力资本的特征及其价值实现》，《中国科技论坛》1997年第3期。
[③] 丁栋虹、刘志彪：《从人力资本到异质型人力资本》，《生产力研究》1999年第3期。
[④] 张德主编：《人力资源开发与管理》，清华大学出版社2001年版，第1页。
[⑤] 赵曙明编著：《人力资源战略与规划》，中国人民大学出版社2002年版，第9页。

活跃的要素，是促进经济社会发展最重要的资源。①

(三) 关于人力资源管理的研究

同人力资源一样，人力资源管理也是舶来品。因此，我国学者对于人力资源管理的研究也跟关于人力资源的研究一样，主要是解释性和介绍性的研究。但是，对于人力资源管理的解释和介绍，一开始更多的是相对于我国计划经济时代特有的人事管理存在的问题而进行的，目的是推动人事管理的改革。梁裕楷指出，随着知识经济时代的到来，管理对象上实现从以物为中心到以人为中心的转变，在管理性质上实现从管制性管理到服务性管理的转变；在历史任务和工作重点上完成从单纯是用和管的旧体制转变到育人、用人、管人的新体制上来，转到整体性人才资源开发的轨道上来；在管理目标上将把创新放在第一位，使管理功能从强制性为主转变为诱导性为主，管理方式从单一性向多元化、差别性转化。② 这实际上阐述了作为超越传统的人事管理的、新的管理方式——人力资源管理的主要特点。

韩淑娟、赵凤敏从管理职能的视角指出，人力资源管理的内容是对人力资源取得、开发、保持和利用，管理的职能仍然是计划、组织、指挥和控制活动，为充分开发人力资源，挖掘人的潜力，需要通过协调社会劳动组织中的人与事的关系，调动人的积极性，进而提高工作效率，实现组织目标。因此，人力资源管理是一种理论、方法、工具与技术的总和。③ 张德从各类资源协调发展的视角提出，

---

① 廖泉文：《人力资源管理》，高等教育出版社2003年版，第10页。
② 梁裕楷：《知识经济——人事制度改革的新动力》，《中山大学学报》（社会科学版）1999年第1期。
③ 韩淑娟、赵凤敏编著：《现代企业人力资源管理》，安徽人民出版社2000年版，第11页。

人力资源管理的目标仍然是实现组织目标，人力资源管理需要运用现代化的科学理论、技术、工具与方法，对人力资源进行合理的培训、组织与匹配，使人力、物力协调产出经常保持最佳效率，这需要对人的思想、心理和行为进行的诱导与控制，促进其充分发挥主观能动性，实现人尽其才、人事相宜。[1] 廖泉文指出人力资源管理贯穿于全社会（或一个部门）的各个阶层、各个类型的从业人员，是一种从招工、录取、培训、使用、周转、升迁、调动直至退休的全过程的管理。[2] 徐光华等从制度流程的视角指出，人力资源管理目的是满足组织与个人发展需要，这需要建立相应的机制与流程，需要采用先进的技术和方法，对组织中的人力资源进行高效开发、合理使用与系统管理的过程。[3] 郑晓明从人事协调的视角指出，人力资源管理主要是为了实现组织目标，运用科学方法与技术手段，协调人与事的关系，处理人与人的矛盾，促进组织实现人尽其才、事得其人的过程。[4] 张佩云从组织视角认为，人力资源管理是一个组织对人力资源的获取与维护、激励与运用、协调与发展的全部的管理过程与活动。[5] 孔涛（2010）认为，现代企业强调以人为本，现代社会中企业进行管理其宗旨是以人为中心，人是技术、知识、信息和其他重要资源的载体，人力资源是企业最宝贵的资源，企业之间的

---

[1] 张德主编：《人力资源开发与管理》，清华大学出版社2001年版，第14页。
[2] 廖泉文：《人力资源管理》，高等教育出版社2003年版，第17页。
[3] 徐光华等编著：《人力资源管理实务》，北京交通大学出版社2005年版，第22页。
[4] 郑晓明编著：《人力资源管理导论》（第二版），机械工业出版社2005年版，第15页。
[5] 张佩云主编：《人力资源管理》（第二版），清华大学出版社2007年版，第25页。

竞争从本质上讲其实是人才资源的竞争。①

（四）关于人才管理的研究

国内学者对于人才管理的研究开始得比较早，在改革开放的初期就已经开始关注，至今仍是学者们研究的热点问题。关于人才管理的研究范围也比较广泛，研究成果非常丰富。有学者从宏观层面研究人才管理问题。于文远等人指出，在科学技术迅猛发展的时代下，我国人才管理的发展趋势应该与时代同行。以往手工业方式和凭经验办事的人才管理，已经逐步被人们废弃，人才管理的现代化，成为世界各国普遍的发展趋势。人才管理的现代化，就是运用现代科学和现代技术，从人才管理的观念、制度、方法、手段、组织和人员等方面，综合地达到现代的先进水平，即实现观念上的现代化、管理上的法制化、方法上的科学化、手段上的电脑化、组织上的有效化、人员上的专业化。② 该观点放在现在依然受用。

有学者从历史宏大叙事的视角研究人才管理问题。郭济兴、赵传海对中国传统文化中的人才管理思想进行梳理总结，强调了人才对治国安邦的重要意义，对我国古代如何发现人才、培养人才、管理人才和使用人才进行阐述。③ 罗润东基于知识经济时代背景对创新时代的人才战略管理进行研究，认为创新型人才管理是关系创新型国家建设的重要因素，在知识经济时代创新的作用显得

---

① 孔涛：《中小型民营企业人力资源管理与开发创新》，《管理学家》2010 年第 11 期。
② 于文远、彭文晋、王建新：《人才管理概论》，吉林人民出版社 1986 年版，第 11 页。
③ 郭济兴、赵传海：《简论中国传统文化中的人才管理思想》，《经济经纬》2004 年第 4 期。

尤为重要。[1]

有学者从国际比较的视角研究人才管理。李恩平、贾冀基于全球一体化的背景，对发达国家的人才管理经验进行总结，认为中国的人才管理应该坚持"洋为中用"的原则，借鉴国外先进管理经验，树立"以人为本"和"管事理人"的思想理念。[2] 赵曙明、王拓等对我国服务外包行业的人才管理进行研究，使用案例分析法对国外服务外包的经验进行总结，分析我国服务外包人才管理的优势和不足，并提出相应的政策建议。[3]

有学者从微观层面研究人才管理问题。王云峰认为应该按照人力资源个体需求导向模式进行人才管理，人才管理应该和营销模式相对应，人力资源管理的具体工具也应根据具体模式而变动。[4] 张向前（2009）使用和谐管理理论，提出创新型人才的和谐管理机制，分析了组织不同发展时期人才管理的战略意图和和谐主题。[5]

更多的学者专门研究企业人才管理问题，这些学者从企业绩效、企业竞争力、市场营销和企业人才流动等多个层面进行了研究。肖贵阳认为，企业的知识存量和知识结构是核心竞争力的重要表现，对人才的重视是提高企业效益的关键因素，人才管理关系企业绩效。[6] 邱冬阳等从企

---

[1] 罗润东：《创新时代的人才管理新观——评〈知识技能型人才管理通论〉》，《东岳论丛》2014 年第 4 期。

[2] 李恩平、贾冀：《发达国家企业人才管理的几点启示》，《理论探索》2011 年第 1 期。

[3] 赵曙明、王拓、王文宇：《服务外包人才管理研究》，《经济管理》2007 年第 24 期。

[4] 王云峰：《浅析中西方营销模式选择的差异》，《经济师》2007 年第 10 期。

[5] 张向前：《基于和谐管理理论知识型人才管理机理分析》，《科学学与科学技术管理》2009 年第 1 期。

[6] 肖贵阳：《人力资源营销体系的构建》，博士学位论文，天津财经学院，2003 年。

业竞争力持续性的角度分析人才管理，认为人才战略管理是保持企业拥有持续竞争力的重要前提，人力资源管理的经验可以借鉴但不能如法炮制，只有通过人才管理创新才能保持持续竞争力。①朱雪里从市场营销的角度研究人才管理，认为企业人才管理应该按照营销对象对市场进行细分，通过分析差异化需求对不同人才提供不同类型的服务。②童文军、王广发基于人力资源营销的视角对中小企业的人才战略管理进行分析，从自由企业经济条件角度提出中小企业发展的新思路。③

陈红、张铱强对企业人才流动的现象进行研究，认为员工由于受诸多因素的影响往往会出现流动现象，企业应该根据实际情况对人才进行分类管理，树立正确的人才观，防止人才流失。④

（五）关于人才战略的研究

人才战略在我国处于国家战略的高度。2001年3月15日，第九届全国人民代表大会第四次会议批准《关于国民经济和社会发展第十个五年计划纲要的报告》，在《报告》中，"人才战略"被提升到国家战略的高度。因此，国内学者对人才战略的研究涉及的方面比较广泛。杨明远指出："所谓人才战略是指对人才发展带有引导和约束作用的总体性谋划。从广义的角度看，人才战略包

---

① 邱冬阳、陈国华：《人才战略管理与企业竞争优势》，《现代经济信息》2009年第14期。
② 朱雪里：《人力资源管理的新内容：人力资源营销》，《现代管理研究》2003年第1期。
③ 童文军、王广发：《自由企业经济下的中小企业人才战略管理研究——基于人力资源营销理论的视角》，《科技管理研究》2011年第11期。
④ 陈红、张铱强：《员工流动决策过程研究与企业人才管理对策分析》，《经济师》2004年第1期。

括人才发展的宗旨、目标、战略决策和对策。从狭义的角度看，人才战略仅指人才发展的宗旨和目标的计划和方法。"①

段莉全面总结了 21 世纪初期，我国人才战略的研究情况，具体包括人才战略目标体系研究、人才战略内容研究、人才战略实施等多个方面，并进一步指出，这些研究存在对人才战略属性地位认识侧重工具论，而对目的论认识不够；对人才战略目标体系研究集中在人才战略目标层次性方面，具体指标的涉及面较为狭窄；人才战略制定空洞化、对策实施无序化等问题。②

近年来，人才战略的研究进一步细化，研究者们从国家和区域经济社会发展以及具体的企业经营管理等各级层面出发对人才战略都有深入的探讨。邓永强提出为促进县域"四化"同步发展，县域人才战略的实施应坚持"'党管人才'、'以人为本'、'循序渐进'、'重点突破'、'服务目标'的原则，强化人才引进机制，健全人才留用机制，完善人才培养机制"③。曾双喜提出企业人才战略重点关注两方面："一个是人才数量，即需要多少人；另一个是人才质量，即要求人才达到怎样的能力水平。人才数量与人才质量决定企业采取不同的人才战略。其中，人才数量与企业的业务发展情况相关，人才质量则与企业所处行业和市场竞争环境相关。按照企业对人才数量与人才质量的不同要求进行匹配，可以得出掠夺型、精英型、规模型、

---

① 杨明远主编：《最新人才强国战略、人才队伍建设与管理实务全书》，宁夏大地音像出版社 2004 年版，第 425 页。
② 段莉：《我国人才战略研究综述》，《理论与改革》2007 年第 5 期。
③ 邓永强：《县域人才战略构建对策》，《当代县域经济》2015 年第 1 期。

收缩型、稳健型、混合型六种人才战略类型。"①

（六）总结与思考

以上是国内学者对于人力资源、人力资源管理、人才管理、人才战略等的概括和总结，综上有以下几点结论和思考：一是人力资源、人力资源管理等概念是从西方引进的，因此，国内学者对于人力资源、人力资源管理的研究主要是解释性、介绍性的研究；与此同时，在我国改革开放初期，社会主义市场经济发展的起步阶段，国内学者对于人力资源、人力资源管理理论的介绍，以及企业对于这些理论的应用，规避、改善了我国计划经济时代人事管理的诸多问题和缺陷，有效地指导了我国经济社会特别是企业的改革发展。二是人才概念是中国特有的概念，国内学者关于人才管理、人才战略的研究并不比西方学者晚，而且研究得也比较全面。同时，人才战略在我国属于国家战略，得到了学界、企业和政府等各个方面的高度重视。三是随着我国经济社会的持续发展，社会主义市场经济的不断完善，为了更好地指导企业等市场经济主体进一步快速健康发展，人力资源管理理论也需要向人才管理理论、人才战略理论层面发展。

第三节　研究内容与方案

一　研究目标

本书的研究目标有两个：一是在集中、全面、细致

---

① 曾双喜：《匹配，人才战略关键词》，《人力资源》2016年第1期。

地分析与企业人才管理相关的概念、理论的基础上，探究从传统的企业人事管理、人力资源管理到人才管理的改革，探寻企业人才管理的发展趋势；同时也为同行的研究提供基础材料和相关理论方面的参考。二是对企业人才管理本身以及人才管理与企业发展的关系进行深入分析，不仅探讨企业人才管理的本质，还将分析企业发展和人才管理的辩证关系，通过调研对中国现代企业人才管理的现状以及存在的问题进行总结归纳。并在此基础上进一步探究如何从人才战略的高度更好地发挥人才管理的积极作用，为我国现代企业发展提供人才支撑和智力支持。

二 章节安排

本书将分六个章节进行研究和分析：第一章主要对企业、管理、人力资源与人力资源管理、人才与人才管理、战略与战略管理等概念进行详细解析。概念分析是开展研究的基础和前提，通过概念分析，既可找准研究对象的内涵和外延，也给下一步的深入研究提供依据和方向。

第二章主要就企业管理理论、人力资源管理理论、战略管理理论、企业创新管理理论等相关理论进行综合阐述和分析。理论分析是以理性思维认识研究对象的本质及其规律的一种科学分析方法，理论分析是用来指导实践的，只有在正确、科学的理论指导下开展实践活动才有可能取得预期的效果。

第三章重点分析了企业人才管理的本质。具体包括企业人才的概念、企业人才管理产生的背景、内容与任务、原则与模式等。通过分析，真正把握住企业人才管理的本质特征以及发展趋势。

第四章对企业发展与人才管理的辩证关系进行深入研究。具体分析了现代企业重视人才管理的原因，分别从宏观和微观两个层面指出企业发展和人才管理是一个相互作用和彼此影响的过程。

第五章通过调研探究了中国企业人才管理的现状与问题。笔者分别在 A 省 H 市、Z 省和 S 省，以及 HR 集团、HW 集团、HQ 集团等地区和企业进行了调研，发现了企业人才流失现象较重、企业人才管理的和谐度普遍较差、企业人才管理的营销意识欠缺、企业人才管理难以适应知识经济时代的挑战、企业人才管理体制不完善等问题。

第六章根据理论分析得出的理想模式和实践调研发现的问题，提出中国企业管理走向人才战略管理的建议。具体包括多种方式吸引并留住人才、构建高效的人才管理体制、形成高度认同的组织文化、提高人才管理的信息化水平、提升人才管理的和谐度等多项合理化建议。

三 拟解决的关键问题

本书拟解决的关键问题是：面对知识经济时代的挑战，现代企业发展如何从一般的、传统的人事管理、企业人才资源管理升级到企业人才管理；同时，进一步改进我国现代企业人才管理中存在的问题，完善人才管理体制机制，并且注重从人才战略的高度进行企业人才管理。具体而言，就是通过研究我国企业人才管理的内容、本质和发展趋势等理论问题，从理论层面探寻制定和实施我国现代企业人才管理的有效途径和长效机制。与此同时，在实践层面，利用实地调研结果分析我国企业人才管理的现存问题，从人才战略的高度提出有针对性的、可操作性的政策建议。

四 研究方法、技术路线、实验方案及其可行性分析

（一）研究方法

1. 文献研究法

本书充分利用武汉大学图书馆、中国社会科学院图书馆、国家图书馆、首都图书馆等学术资源，广泛收集国内外相关文献。同时，通过查阅互联网公开信息，查阅相关国内外学术论著，掌握关于人力资源管理、人才管理、人才战略等相关理论研究和成果情况，为研究做好文献积累，并从文献研究中找到了研究的基本思路。

2. 理论与实践相结合的方法

本书对研究所涉及的企业、人才、管理、战略等相关概念以及人才资源管理理论、企业管理理论、战略管理理论、企业创新管理理论等进行了详细的梳理，在理论分析上，做到了全面细致、深入浅出。同时笔者带着理论分析成果，深入多个省市、多个企业集团管理一线进行了实地调研，总结发现中国企业人才管理中存在的具体问题，并且运用理论研究成果分析问题出现的原因，真正做到了理论与实际相结合。

3. 历史研究法

历史研究法也是社会科学研究一种常用的方法，它是以时间为线索，追寻事物的发生发展规律的思维方法。本书中涉及的企业、人才、管理、战略等概念的研究运用了这一研究方法，全面分析了这些概念产生、发展的全过

程，为企业人才管理相关问题的深层次研究提供了概念支撑和理论依据。

4. 调查研究方法

调查研究是研究现实问题的主要方法，只有深入问题出现的一线，才能认识问题的真实情况，发现问题产生的真实原因。本书中，笔者深入相关企业管理、生产的一线，与企业管理者、企业生产者、企业问题研究者等进行了深入的访谈，掌握了大量的一手资料。

5. 多学科的研究方法

多学科的研究方法是研究复杂问题经常运用的方法。一个问题出现的原因往往是多方面的，因此分析问题的方法也必须是多学科领域的。企业人才管理问题本身是一个跨学科的课题，因此还必须运用多学科的研究方法，包括运用法学、社会学、哲学、经济学等学科理论和方法综合进行研究。

(二) 技术路线图

本书基于"提出问题—分析问题—解决问题"的三大步骤进行研究。导言部分提出问题，此部分对人才管理战略的研究背景、研究意义进行介绍，为下文的分析做铺垫。分析问题包括第一章、第二章、第三章和第四章，分别从概念介绍、理论分析和关系研究三个方面进行研究。解决问题包括第五章和第六章，从前面的理论分析深入中国人才战略管理的实际，理论结合实际进行研究，先对我国人才战略管理的现状和现存问题进行剖析，而后基于现存问题提出我国人才战略管理的政策建议（见图0—1）。

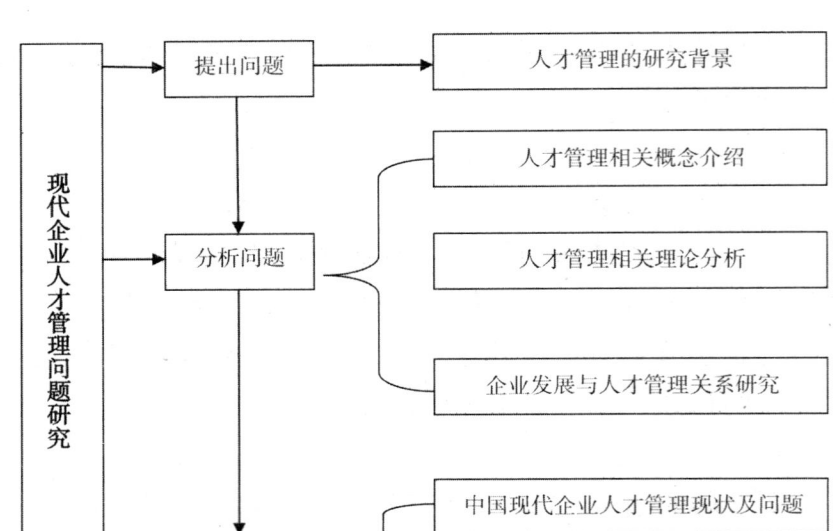

图 0—1　本书研究的技术路线图

五　创新之处

一是提出新的观点。本书对企业人才的本质进行深刻剖析。企业人才资源与企业人力资源具有内在一致性，即企业人才与其他企业人力资源一样都是企业所拥有的一种可以不断开发具有不断增值属性的无形资源，是生产诸要素中最为活跃的要素，指的是被企业挖掘并加以聘用的各类人员，具有增量性、无限性，这决定了企业人才与其他企业人才资源都是企业宝贵的资源。但是并不是所有的企业人力资源都是企业人才，企业人才是指企业人才资源中那些具有创新性、战略性能力，为企业发展做出重大贡献的人。因此，对于企业人才的管理既要遵循企业人力资源管理的一般性原则，又要符合企业人才自身的特点，通过对企业人才加以开发并进行科学的管理，能不断提高企业人才的专业知识、职业技能、创造力以及创新能力，从而对企业物力财力等资源加以最大限度的开发利用，带动企业的生存发展，为企业带来巨大的经济效益。

二是研究视角的创新。从人才管理视角研究企业发展问题，是本书最大的创新之处。企业在残酷的市场竞争中取得优势地位的决定性因素在发生变化，人才现在扮演着也必然会继续扮演越发重要的角色，企业为达到取得或者保持住所取得竞争优势的地位，实施科学高效的企业人才管理势在必行。人才管理与人力资源管理相比，具有较大的进步意义：人才管理更具创新性、战略性；人才管理是把企业员工培养成"人才"而不是"人力"，"人才"与"人力"相比，"人才"是企业发展的原动力，具有"人力"和其他各类资源所不具备的优势和能量。

三是研究方式创新。本书是管理学、经济学、社会学、哲学等多学科的综合研究和运用。综合运用不同学科的知识对企业人才管理问题进行研究有利于得出更具有说服力的结论。

第一章

相关概念解析

第一节 企业

在市场经济条件下，企业已经成为经济社会的基本细胞，在人类社会发展中发挥了越来越重要的作用。人类社会中几乎一切物质、文化和精神产品都是通过各式各样的企业创造出来的。究竟应该如何定义企业？企业是如何产生的？又有哪些类型？这些问题是需要我们首先弄清楚的。

一 企业的概念

国外学者从企业究竟是以怎样的状态组织生产来进行不同角度和不同程度的认识，大致可以认为企业是制度、契约、治理结构、组织场所和经济单位，等等。旧制度学派的代表人物凡勃伦、康芒斯等对古典及新古典经济学理论展开批评时提出企业就是一种制度，制度是经济进化的动力。而新制度学派代表人物罗纳德·哈里·科斯等认为，"企业是市场的替代物，企业内部企业家用命令和指挥的方式进行资源配置，是对市场价格信号配置资源的替代"①。威廉姆森（Willamson）认为企业是一种治理结构，是一种以科层组织的方式对交易关系实施保障的治理结构。产权学派的代表阿尔钦、德姆塞茨则表示反对，提出企业是一种契约，是对团队的产出进行监督、定量和定价的契约安排。格罗斯曼、哈特（Grossman & Hart, 1986）坚持，"企业是由物质资产专用性而导致的一种不完备契约"。马格林（Maglin）认为企业是一种组织场所，即工厂制度或资本主义工厂，是劳动者被聚集到一起为资本家生产产品的工作场所。皮特·里斯、德垂克认为企业是一种经济单位，是将投入转化为供其他组织或个人使用的产品（产出）的经济单位，具体来说是一种分配功能、生产和执行交换的经济单位。

在国内，张唐槟、胡云丽提出"企业是依法成立的从事生产经营活动的，实行自主经营、自负盈亏和自我约束的营利性组织"②。周其仁认为，市场里的企业是一个人力资本与非人力资本的特别契约。这个特性，是因为企业合约包括了人力资本（工人的、经理的和企业家的）的参与。③ 张维迎也是从人力资本的特异性，以及由此导致的企业契约的不完备来认识企业性质。④ 文大强、陈荣中提出企业是具有法人资格的基本经济单位，企业通过生产、流通和服务等经济活动，以实现利益最大化，同时为社会创造价值。企业作为一个基本经济单位，往往要自主经营

---

① [美]科斯、诺思、威廉姆森等：《制度、契约与组织》，刘刚译，经济科学出版社2003年版，第25页。
② 张唐槟、胡云丽：《企业管理》，西北大学出版社1982年版，第10页。
③ 周其仁：《市场里的企业：一个人力资本与非人力资本的特别合约》，《经济研究》1996年第6期。
④ 张维迎：《所有制、治理结构及委托—代理关系——兼评崔之元和周其仁的一些观点》，《经济研究》1996年第9期。

和自负盈亏,并独立进行经济核算。① 周秀淦、宋亚非对企业的概念与前面大多数学者相类似,但他们还进一步细化分类了企业的条目。② 贾春玉、张晓辉认为企业是以营利为主要目的,依法从事相关经济活动。它是现代社会经济的基本细胞和市场经营主体。张亚和周巧英提出"企业是从事生产、流通、服务等经济活动,以产品或劳务满足社会需要,实行自主经营、独立核算,依法设立,具有经济法人资格的一种营利性的经济组织"③。秦志华认为企业乃有安排的生产经营组织,以实现微观效益为中心。对于企业性质可以从四个方面加以理解:第一,企业是生产经营组织;第二,企业是风险契约组织;第三,企业是权威管理组织;第四,企业是分工协作组织。④ 左昌鸿提出在市场经济中,企业的基本含义是:它是自主经营和自负盈亏的商品与劳务的生产经单位,是具有法人资格的经济实体和市场竞争主体。⑤

综上所述,企业的概念界定存在差异,但大致都有共通性。笔者将大家认同的定义作为本书的企业定义:企业就是一种制度、一个负责生产等安排的经济组织或机构、一个具有法人资格的经济实体和市场竞争主体。它能够为社会经济的发展带来动力和效益,促进经济的蓬勃发展。

---

① 文大强、陈荣中:《企业管理原理》(第1版),上海复旦大学出版社2006年版,第12页。
② 周秀淦、宋亚非:《现代企业管理原理》,中国财政经济出版社2003年版,第7页。
③ 张亚、周巧英:《企业管理》,中国林业出版社2007年版,第8页。
④ 秦志华:《企业管理》,东北财经大学出版社2011年版,第1页。
⑤ 左昌鸿:《现代企业管理概论》,中国商业出版社2001年版,第5页。

二 企业的产生

关于企业产生的观点可以分为如下几类：一是马克思关于企业产生的观点。马克思在《资本论》中明确提出，劳动的分工与协调是企业产生和变化的源泉。它是生产力发展到一定阶段的产物。它的产生又取决于三个条件：协作产生的技术条件、资本积累的绝对最低额度与资本主义对利润的追求及对社会生产力的无偿占有。二是交易费用理论关于企业产生的观点。科斯（1937）认为，企业和市场都是配置资源的方式，企业之所以存在是因为企业配置资源的方式比市场配置资源的方式更加有效率，企业的边界也取决于企业配置资源的效率。[①] 三是国内关于企业产生的观点。文大强、陈荣中提出，工业企业的早期发展经历了由低级到高级的不同阶段的发展。而工厂就是工业企业的近代形式。随着大型工厂的不断涌现和劳动分工的细化，部分工业企业转而从事邮电运输、建筑、金融、采掘等各个行业。[②] 秦志华认为，作为社会生产与生活中越来越重要的经济组织，企业因节约交易费用而产生，成为与市场相对应的资源配置方式，随着社会生产的发展从手工作坊式逐步演化成现代的跨国公司。

总之，用马克思主义的观点来看，企业的产生不是从来就有的，它是生产力水平发展到一定阶段的根据现实需要而出现的产物，有其产生的特殊背景和条件。同时，企

[①] 来自科斯在1937年发表的论文。奠定了现代企业理论的基础，也成为企业家理论探讨上的重要里程碑。

[②] 参见文大强、陈荣中《企业管理原理》（第1版），上海复旦大学出版社2006年版。

业又是为了弥补市场存在的缺陷而产生的一种替代。

三 企业的分类

由于角度的不同，企业以不同的标准划分，主要有以下分类：文大强、陈荣中（2006）在《企业管理原理》一书中提出三类划分标准：第一，按企业生产经营业务的性质分类：工、农、商、物资、交通运输、金融、邮电与旅游企业等。第二，按企业资产的所有制性质分类：私营企业、集体所有制企业、国有企业和混合所有制企业（中外合资经营企业、中外合作经营企业等）。第三，根据企业制度的形态构成分类，将企业分成业主制企业、合伙制企业和公司制企业（无限公司、有限责任公司、两合公司、股份有限公司）。

秦志华（2011）在《企业管理》一书中提出，企业有如下的分类演进：业主制、合伙制、股份合作制、公司制。而现代企业的形式有无限责任公司、有限责任公司、两合公司、股份有限公司。

张亚、周巧英（2007）在《企业管理》一书中提出八类分类法：按经营方向与技术基础、某种资源密集程度、企业规模、组织形式、主体技术、生产工艺、生产连续程度、安排生产任务的方式等划分。[①]

张唐槟、胡云丽（1982）在《企业管理》一书中提出四分类法：首先按企业的财产组织形式进行分类，企业可

---

① 如第一，按经营方向和技术基础划分：工业企业、农业企业、运输企业、建筑安装企业、邮电企业、贸易企业、旅游企业、金融企业。第二，按某种资源密集程度划分：劳动密集型企业、资金密集型企业、知识技术密集型企业。第三……第八，按安排生产任务的方式划分，可分为有存货生产企业和订货生产企业等。

以分为公司、个人独资企业和合伙企业三大类；其次按企业的组合方式进行分类，企业又可以分为单一企业、多元企业、经济联合体、企业集团和连锁企业五大类；再次按企业所在行业的性质不同分类，分为工业生产企业、商品经营企业（批发企业和零售企业）和服务企业；最后按企业的所有制形式进行分类，企业又可以分为全民所有制企业、集体企业、私营企业和混合所有制企业。

吕强、齐德义（2002）在《现代企业管理》一书中提出两种分类法，即资本主义企业和社会主义企业。早期企业联合组织采用如下形式，如卡特尔、辛迪加、托拉斯、康采恩的形式。同时资本主义企业也可以按其资本构成的不同，分为以下几种：公司（无限公司、有限公司、股份有限公司、两合公司、股份两合公司）、合伙企业和个人企业（独资企业）。社会主义企业按照我国现有企业所有制形式的不同，可划分为以下几种：集体所有制、全民所有制、经济联合体（如工业企业的联合、农工商联合企业、工商联营企业、农商联营企业、商商联营企业）、中外合资经营等形式。

以上分析总结可得出，从学界的各种分类来看，无非是按意识形态分类，即资本主义与社会主义两类企业，但也并非完全这样；或者是按和各类不同的标准分类，都大同小异。共同的地方就是都可以进行如下分类：按企业制度的形态构成分类，将企业分成业主制企业、合伙制企业和公司制企业（无限公司、两合公司、有限责任公司、股份有限公司）；按企业生产经营业务的性质分类：工、农、商、物资、交通运输、金融、邮电与旅游等企业；或者按企业资产的所有制性质分类：国有、集体所有、私营、混合所有制企业（中外合资经营企业、中外合作经营企业等）。

第二节 管理

自从出现人群组织，管理也就产生了。尤其是在现代社会，管理尤为重要。绝大多数人都在特定的组织中工作与生活，一切重大的社会运作都是通过各种组织机构（如政府机构、工商企业、医院、学校、银行、研究所，等等）来操作的。所有的组织都需要管理，而且都需要管理人员负责执行管理任务。那么管理的基本概念是如何界定的呢？人类历史上有哪些优秀的管理思想？这些也是必须搞明白的。

一 管理的概念

世界上给管理下过定义的著名管理学家很多，并且差异极大。例如，被西方国家誉为"科学管理之父"的弗雷德里克·泰勒对管理做了如下的解释：管理就是"确切的指导你想要别人为你做什么，并且让他用有效率的办法去做"[1]。被称为"现代经营管理理论之父"的法约尔（Henri Fayol）认为，"管理是所有人类组织都必须进行的一种活动，这种活动具体包括：计划、组织、指挥、协调和控制"[2]。法约尔使人们认识到，当企业、个人或组织在从事计划、组织、指挥、协调和控制职能时，便是在从事管理

---

[1] ［美］泰勒：《科学管理原理》，赵涛等译，电子工业出版社2013年版，第1页。

[2] ［法］法约尔：《工业管理与一般管理》，迟力耕、张璇译，机械工业出版社2007年版，第1页。

工作。1978年诺贝尔经济学奖获得者西蒙对管理概念曾有一句名言："管理即制定决策。"①在西蒙教授看来，管理就是为了使组织不断地运行下去，在面对不断变化的现实与未来时，通过对各种决策手段，以实现自己的目标，从而获取较为满意的结果。著名的管理学家彼得·德鲁克认为："管理是一种具有技巧和方法的工作；管理是赋予组织以生命的、能动的、动态的器官；管理是一种系统化并到处适用的知识，管理也是一种文化。"②美国著名管理学专家斯蒂芬·P. 罗宾斯（Stephen P. Robbins）将管理定义为：为了有效地和其他人一起协作完成组织的目标，从中进行协调的工作活动过程。③这里大致包括计划、组织、领导和控制四个过程。南京大学教授周三多综合前人的研究，将管理的概念表述为："管理是在社会组织中，为了实现预期的目标，以人为中心进行的协调活动。"④唐云锦（2006）在《管理学导论》一书中给管理下了一个符合其实质的定义：管理是为了实现组织的目标，合理利用组织拥有的资源，通过计划、组织、控制、领导等一系列工作的动态性活动。

二 管理思想的发展历程

（一）西方早期管理思想

有关管理的许多记载和观念可以追溯到中古时期。管

---

① ［美］赫伯特·西蒙：《管理决策新科学》，中国社会科学出版社1985年版。
② ［美］德鲁克：《管理——任务、责任、实践》，刘勃译，华夏出版社2008年版，第1页。
③ ［美］斯蒂芬·P. 罗宾斯：《管理学（第四版）》，黄卫伟等译，中国人民大学出版社2003年版，第3页。
④ 周三多：《管理学——原理与方法》，上海复旦大学出版社2014年第5版，第1页。

理在实践中运用的时间已有几千年的历史,但直到19世纪中后期,才被人类加以系统研究,并逐步演变成一门科学。最早对经济管理思想进行系统论述的学者,首推18世纪最著名的英国经济学家亚当·斯密。他在(1776)发表的经济学巨著《国富论》一书中,做出了组织和社会将从劳动分工中获得巨大经济利益的光辉论断。

19世纪早期最有成就的企业家之一罗伯特·欧文(Robert Owen),著名的英国空想社会主义者,被称为"现代人事管理的先驱者"。1800—1828年,欧文在苏格兰他自己管理的棉纺厂中进行了当时认为前所未有的试验。在处于工业革命的早期、人们普遍认为人的本性是好逸恶劳的情况下,罗伯特·欧文通过改善劳动者的工作环境,适当缩短劳动者的工作时间,提高童工年龄下限,工厂供给雇工午餐,开设商店按成本出售生活必需品给雇工,建造房屋和道路并寻求改善雇工生活,使工厂具有了吸引力。但欧文并非慈善家,他认为良好的人事管理会给雇主带来红利。

英国杰出数学家查尔斯·巴贝奇(Charles Babbage,1789—1871,被称为"计算机之父"),发展了斯密的论点,提出了许多关于生产组织机构和经济学方面的带有启发性的问题。从管理学观点来看,巴贝奇的杰出贡献是他的著名的《论机器和制造业的经济》一书(于1832年出版)。尽管巴贝奇是数学家和科学家,但他并不忽视人的因素,他主张利益分享制度,工人在劳动中出力,他们应分享工厂的得益。他还主张工人应该按其工作的性质得到固定工资,加上分享的利润,再加上由于他们的建议而促进生产率提高所应得的分红。巴贝奇最大的兴趣和贡献并不在于更广泛的管理学领域,而是在成本计算、工程学以及基于按生产率进行专业化和分配报酬的激励性制度。

(二) 科学管理的兴起

随着社会分工的细化，管理理论在19世纪末20世纪初逐渐成熟，这个时期的管理理论被称为"古典管理理论"或"科学管理理论"。早期管理阶段，管理者就是资本的所有者。到了19世纪末期，由于技术的进步，生产的大力扩展，生产职能和管理职能被逐步分离，管理职能通常以委托—代理的方式来实现，企业主通过委托具有管理职能的经理来负责企业的日常管理，随之也就出现了专业的管理阶层。随着企业规模的不断扩大，管理工作变得非常重要，于是管理也就成了一门系统科学，人们把这一理论称为"科学管理理论"。

1. 泰勒的科学管理理论

弗雷德里克·泰勒在1875年放弃上大学的机会去当制模工和机械学徒，1878年进入费城米德维尔钢铁公司当机工，后来由于业余学习获得工程学位后提升为总工程师。他发明了快速切割钢铁的工具，他一生中大部分时间是作为一个咨询工程师。泰勒被公认为科学管理理论的创始人，西方学者称他为"科学管理之父"。他当学徒、普通工人、工长、机械技师以及钢铁厂总工程师，这些经历使泰勒有充分的机会直接了解工人的问题和态度，并看到改进管理质量的巨大机会。

(1) 理论实质

科学管理的实质在于通过对劳动者工作的研究，发现较为科学的、有效率的工作方式，并对工作方式进行标准化、精细化和专业化，以提高生产的效率。科学管理是一种思想的突破，科学管理通过劳动者工作效率的提高，不但提高了企业的生产效率，实现了企业利益最大化，同时，劳动者的工作效率和收入也得到了提高。泰勒提出的科学管理理论告诉人们，管理并不是看不见的东西，而是一种可以通过系统研究，通过相关条文、原则来规范劳动者的工作行为，从而实现劳动者和企业效率的提高。

（2）科学管理理论对管理发展的贡献

科学管理的产生是管理从经验走向理论的标志，也是管理走向现代化、科学化的标志。科学管理对管理理论体系的形成与发展有着巨大的贡献，主要包括时间和动作研究、任务管理、作业人员与管理者的分工协调等方面。尽管在现在看来，将管理者与生产工人的责任加以划分，从而将管理职能独立于生产第一线之外，并由一个计划部门来实施是十分浅薄的，但在当时这却是一大进步，因为只有两者的分离，才使得之后的时间研究、预算控制、标准成本等各种管理技术得到发展，得到有效的应用。此外，这种分离使得管理人员与作业工人分工明确，各司其职，更有利于生产效率的提高和资源的优化配置。科学管理在此基础上提出管理人员和作业工人的协调，实际上已涉及企业内员工之间人际关系协调这一内容，为以后的管理理论发展提出了新的课题。

泰勒及其他同期先行者的理论和实践构成了泰勒制。泰勒制的产生与当时的企业环境有极大的关系，它在一定程度上推动了企业的演进，但同时也受到经济社会环境和管理者个人经历的诸多限制。在这一时期，企业为了实现利润的不断增长，通过改善劳动者的工作方式，以提高劳动的工作效率。由于泰勒本人长期接触企业的现场生产和服务，所以，泰勒想通过减少劳动者不必要的肢体动作，以提高生产现场的工作效率。泰勒制虽然取得了一定的成效，但其范围太过狭窄。管理的范围不仅限于泰勒制，管理的内容还应包括财务、人事、供应等全方位。

2. 法约尔的组织管理理论

法约尔与泰勒都是19世纪末最著名的管理学家，但法约尔与泰勒的人生经历不尽相同，法约尔既有在大型生产企业担任主要负责人的实践经历，也有在大学担任教授从事科学研究的理论经历，因此，法约尔的管理思想既有理论性，也有实践性。而泰勒主要从事一线工人的管理，因此，更加注重通过减少不必要的肢体活动，运用更加科学的工作方式来提高管理效率。1916年，法国矿业协会的年报公开发表了法约尔的经典著作《工业管理与一般管理》，此书一经发表就获得了广泛认可，法约尔也因此被称为"现代经营管理理论之父"。

法约尔认为，所有的企业都包括六大基本活动（职能）：①技术的（生产）；②财务的（资金的筹集和恰当地使用）；③商业的（采购、销售以及交换）；④安全（财产和人员的保护）；⑤会计（包括统计）；⑥管理的（计划、组织、指挥、协调和控制）。法约尔强调指出，管理是所有企业、政府和家庭都会共同涉及的一种活动过程。然后进一步提出了14条管理的具体原则（principles of management），这些原则包括：①纪律严明；②权责相当；③劳动分工；④统一领导；⑤统一指挥；⑥个人利益服从整体利益；⑦报酬；⑧集权；⑨等级层次；⑩秩序；⑪公平；⑫人员稳定；⑬主动性；⑭团结精神。[①] 法约尔提出的企业

---

① ［法］法约尔：《工业管理与一般管理》，迟力耕、张璇译，机械工业出版社 2007 年版，第 1 页。

六大基本职能和 14 条管理的基本原则是对管理活动较为科学的阐述，其诸多原则至今仍然被广泛采用。

（三）行为科学的产生

古典管理理论虽然也承认个人的作用，但强调的是对个人行为的控制和规范。与此同时，另一些学者则从心理学、社会学的角度对工作中的人的行为进行研究，由此形成行为科学理论。关于这方面的一系列研究构成了目前的人事管理理论，以及关于激励理论和领导理论的当代观点。行为科学理论起源于 20 世纪 20 年代，起初被称作人际关系学说，随着其内涵的不断扩大，被人们称为组织行为理论。

1. 行为科学先驱者及其理论

德国著名心理学家雨果·芒斯特伯格（Hugo Munsterberg）于 1913 年在英国伦敦出版的《心理学与工业效率》一书中对人类行为进行科学研究以辨认出一般模式和解释个人之间差异的重要性。芒斯特伯格将人类的心理活动引入管理学，建议在雇员的选拔过程中加入心理测试，并通过相关的学习理论来评价培训方法的优劣，以及通过对劳动者心理活动进行集中研究，以便搞清什么方法对激励工人是有效的。在当时，芒斯特伯格已经看出了科学管理与工业心理学的联系。二者都是通过科学的工作分析，使个人技能和能力更好地适合各种工作的要求，以此提高生产率。我们当前通行的许多关于人员挑选技巧、雇员培训、工作设计与激励等方面的方法，都是以芒斯特伯格的理论为基础的。

玛丽·派克·福莱特（Mary Parker Follett）是美国的

政治哲学家、社会心理学家，她开创性地以个人和群体的行为角度来考察组织。她在《创造性的经验》（1924）一书中指出，任何组织都不应是基于个人主义，而应是基于群体的道德，个人潜能的发挥依靠群体的结合，没有群体的结合，个人的能力将永远是一种无法释放出来的潜能。管理的主要任务是协调个人和群体的关系，管理者和工人应将它们看成是合作者，看成是共同群体的一部分。因此，她认为，管理者并不应依靠他的正式权力来领导下属，而应当更多地依靠他的知识和个人魅力去关怀下属，以实现管理效率的提高。福莱特的人本思想颠覆了传统管理思想，使人们重新认识管理的领导职能、权力和权威。

和福莱特一样，切斯特·巴纳德（Chester Barnad）也架起了一座科学管理与行为科学之间的桥梁。巴纳德认为组织是由有相互作用社会关系的人们构成的，管理者的主要作用是在沟通和激励下级方面尽最大努力。[①] 在巴纳德看来，组织成功主要取决于获得员工的合作。他还认为，组织的成功与否，主要取决于员工之间、组织及与之相关的外部机构之间关系的好坏。巴纳德关于权威的思想同样重要。他提出一个与当时权威的传统观点相反的观点，即权威的接受观点（acceptance view of authority），权威来自于下级接受它的意愿。

2. 梅奥及其领导的霍桑试验

为行为科学理论做出最重要贡献的就是在西方电气公司（Western Electric）霍桑工厂中进行的霍桑试验，也称霍桑研究（Hawthorne Studies）。该项研究是美国心理学家

[①] ［美］巴纳德：《经理人员的职能》，王永贵译，机械工业出版社2007年版，第1页。

梅奥主持的在美国芝加哥郊区的西方电气公司的霍桑工厂进行的一项试验（1924—1932）。试验发现，变更照明，改善休息时间，缩短工作日，以及不同的有刺激性的付酬制度，都不能解释生产率变化的原因，最终他们发现了影响生产率的一些社会因素，如士气、令人满意的劳动集体内人员间的相互关系以及有效的管理。这种现象被称为"霍桑效应"。梅奥等人根据研究结果得出以下结论：第一，在企业工作的劳动者是"社会人"，劳动者的目标并不是单纯关注经济收入，还关注工作环境、是否受尊重等。第二，企业中存在着"非正式组织"，有其自然形成的规范或惯例，成员必须服从。非正式组织与正式组织相互依存，对生产率的提高有很大影响。第三，新型领导能力在于通过提高职工的满意度、激励士气，达到提高生产率的目的。新型的领导能力就是要在正式组织的经济需要与非正式组织的社会需要之间维持平衡。

上述结论表明：工人不同于机器，必须重视组织中人的因素。霍桑试验对管理思想的发展方向产生了巨大的影响，促进了管理中对人的因素的关注，掀起了一场人际关系运动。此后，大批的管理学者从社会学、心理学等视角对人际关系理论进行了深入研究，从而创立了关于人类行为科学的一般理论，即行为科学。

3. 其他主要行为科学理论简介

（1）需求层次理论

这里主要介绍美国人道主义心理学家亚伯拉罕·马斯洛的需求层次理论。马斯洛认为人类需求可以分为五个层次，分别是：生理需求、安全需求、社会需求、尊重需求和自我实现的需求。马斯洛认为，人类的需求是有层次和主次之分的，不同的人在不同的时期有不同的要求，要根据员工的需要进行激励，以实现激励最大化。那些接受了马斯洛的需求层次论的管理者，根据员工的不同需要，给予员工不同的激励，并在实现员工价值的同时，实现企业的价值。

（2）X理论和Y理论

美国麻省理工学院教授道格拉斯·麦格雷戈（Douglas Mcgregor）最著名的理论，是关于人性的两套假设——X理论和Y理论。后继章节将更为全面地讨论这些假设。X理论认为人总是喜欢休闲而不喜欢劳动的，人总是没有上进心和责任心的，因此，员工应该在强有力的监督下工作。与X理论相反，Y理论认为，人类的本质是有进取心和责任心的，人类同时也是喜欢劳动的，人们能够进行自我管理，愿意承担工作职责。X理念和Y理论分别对人类的本质进行了假设，其对管理学和经济的研究有着深远的影响。

（四）现代管理思想的发展

现代管理理论起源于20世纪70年代，它融合了早期的科学管理、行为科学等众多管理思想，其特征与传统的管理思想既有共同点，也有其自身的特点。其主要特征在于时代特征与现代企业的发展状况。

1. 现代管理思想的主要特点

进入20世纪70年代之后，由于石油价格的快速上扬，一些传统的资本主义国家的经济增长减速，如日本、美国、英国等。而另一些国家或地区迅速崛起，如新加坡、韩国等。随着各国经济增长速度的调整，生产方式也在发生着转变。为了适应企业新的发展方式，探索现代化的企业组织形式，公司制成为众多企业的组织形式。由于各个国家和地区经济社会环境、法律环境、文化环境都不尽相同，不同的国家分别探索适应本国经济社会发展的管理模式，也呈现出了众多的管理思潮与流派，如过程学派、数理系统、决策管理学说等。各种学说虽不尽相同，但有一些共同的特点。

（1）管理内涵的进一步拓展

现代管理理论的内涵得到了进一步的拓展，其在关注企业利益的同时，也非常重视人文关怀和员工自身的发展，同时注重产品质量、市场营销、企业服务和顾客体验。管理不仅关注决策的正确与否，还关注决策的迅速与否。管理理论的研究内涵得到进一步丰富，与其他学科，如心理学、认知科学、生物学、物理学等领域的融合和交叉强度进一步强化，促进管理学和其他学科融合的趋势。

（2）管理组织的多样化发展

管理组织形式多种多样，除了系统的直线职能制、事业部制等以外，还不断推出新的组织，如矩阵制、立体系统制以及当前的平台组织等，以适应现代企业组织管理的要求。管理组织结构也发生了一些新变化：由原来单一的组织结构向现在多元化的组织结构方向发展；由原来单一决策中心向现代多级决策中心发展；由原来金字塔形向现代网络型组织结构发展；由原来外部组织控制朝着现代内部自组织的方向发展。

（3）管理方法进一步科学化

现代管理在继承传统管理方法的基础上，运用现代信息技术和管理方法，能较为有效地适应企业规模的增长。例如，现代管理法多采用数学规划、博弈论、图论、排队论等方法，通过定量化的研究，以提高管理的效率。

（4）管理手段更加自动化

现代的企业规模更大，企业环境也更加多元化，现代管理运用现代通信技术和信息技术，使管理手段更加自动化和智能化。企业为了在竞争中取得优势，将大量使用自动化手段以节约成本。目前，管理的自动化和智能化无处不在，如企业运用办公设备的自动化、管理信息系统的采用，以及计算机在管理的各个领域中的应用等。

（5）管理实践的丰富化和多元化

管理是以实践作为载体的，管理并不是一门纯粹的自然科学，因此，并没有一个固定的万能模式，各个国家、地区、组织和个人都要根据自己所面对的独特环境进行实践，以选择比较适宜的管理方法。正因为管理的实践性，才形成了管理模式的丰富化和多元化。现代管理理论运用现代的社会科学和自然科学所取得的成就，把优秀的成果转化为管理的营养，把组织看作一个系统工程，以达到组织的目标和提高管理效率。

2. 现代管理思想的最新思潮

20世纪90年代，现代管理思想的最新思潮当数公司再造和学习型组织。有人甚至认为这是管理的革命，传统的管理思想与实践将出现全面的革新，迎来全新的管理天地。

（1）公司再造

美国人迈克尔·哈默（Michael Hammer）和詹姆斯·钱皮（James Champy）在1993年出版的《企业再造》中认为，工业革命200多年以来，亚当·斯密的分工理论始终主宰着当今社会中的一切组织，大部分企业都是建立在效率低下的功能组合上。公司再造就是根据信息社会的要求，彻底改变企业的本质，抛开分工的旧包袱，将硬生生拆开的组织架构，如生产、营销、人力资源、财务、管理信息等部门，按照自然跨部门的作业流程，重新组装回去。①

（2）学习型组织

美国麻省理工学院教授彼得·圣吉（Peter Senge）于1990年出版了名为《第五项修炼——学习型组织的艺术和实务》的著作，该书一出版立即引起轰动。圣吉以全新的视野来观察人类群体危机的最根本的症结所在，认为我们片面和局部的思考方式以及由此所产生的行动，造成了目前切割而破碎的世界，为此需要突破线性思考的方式，排除个人及群体的学习障碍，重新对管理的价值观念、管理的方式方法进行革新。

彼得·圣吉在他的著作中提出了学习型组织的五项修炼，认为这五项修炼是学习型组织的技能。这五项修炼是：自我超越、改善心智模式、建立共同远景目标、开展团队学习、系统思考。其中改善心智模式、开展团队学习和锻炼系统思考能力，是为了提高应变能力；超越自我和建立共同的远景目标，是为了提高向心力与创造力。②

第三节 人力资源与人力资源管理

资源是指在特定时空下，能够产生经济价值或社会价

---

① ［美］哈默、钱皮：《企业再造》，王珊珊等译，上海译文出版社2007年版，第1页。

② ［美］彼得·圣吉：《第五项修炼——学习型组织的艺术和实务》，郭进隆译，上海三联书店2004年版，第5页。

值，可以用来提高当前或未来人类生活福利的一切环境和条件。资源按存在形态分，一般可分为自然资源和社会经济资源。自然资源是社会经济资源以及人类社会的生存和发展的基础，也是人类社会生产资料和生活资料的基本来源。人力资源是一种特殊的经济资源，是以人的生命力为载体的社会资源。伴随社会经济的发展和现代科学技术的进步，人力资源的地位和重要作用日益凸显。人力资源被称为第一资源，是一种有别于资金、信息、原材料等资源的特殊经济资源。人力资源是以人的生命力为载体为社会提供价值的社会资源。

一 人力资源的概念与发展

（一）人力资源概念的产生

伴随社会经济的快速发展以及科学技术的快速进步，人力资源的社会地位和重要作用将日益凸显。然而，不同的学者按照不同的理论视角、不同的目的，对于人力资源的定义众说纷纭，莫衷一是，到目前仍然没有一个相对统一的定义。

在西方，一般认为人力资源概念最早由约翰·R.康芒斯分别在1919年的著作《产业信誉》和1921年的著作《产业政府》中提出。不过，约翰·R.康芒斯当时所指的人力资源概念并不同义于我们当前所理解的人力资源。事实上，古典经济学中的劳动力只不过是一种不包含知识和技能的最原始、最简单的体力劳动力，是劳动人口的简单叠加。这样的劳动力，还不能称作现代意义上的严格的人力资源。现代意义上的"人力资源"是著名管理者彼得·德鲁克提出的。1954年，"管理学之父"彼得·德鲁克在其《管理的实践》（*The Practice of Management*）一书中，对管理提出了三个更一般的职能，即管理企业、管理经理人员、管理员工及他们的工作。在讨论管理员工及其工作时，他首次提出了现代"人力资源"的概念，并从企业的微观层面比较全面地提出了人力资源在经济发展战略中的决定作用。他指出：人力资源是所有经济资源中，使用效率最低的资源——最有希望提高经济效益的资源。① 由此，对人力资源的开发管理日益成为企业竞争的核心内容。

有学者认为，人力资源概念在我国最早使用可以追溯到毛泽东在1956年为《中国农村社会主义高潮》撰写的按语。② 毛泽东这样写道："中国的妇女是一种伟大的人力资源，必须发掘这种资源，为建设一个社会主义中国而奋斗。"随后，受到西方人力资本理论的传播与影响，我国大量学者开始探讨人力资源的定义。

（二）人力资源概念的类型

从已有人力资源的定义来看，我国学者对于人力资源的定义大致可以分为三类：第一类是能力说，即从人的能力角度出发界定人力资源的含义。例如，张德把人力资源定义为处于劳动年龄段内的、已经投入经济建设和尚未投入经济建设的人口的能力。③ 也就是说，人力资源包括两部分：一部分是已经直接投入建设的人口的能力；另一部分是尚未投入建设的人口的能力。余凯成把人力资源定义为能够推动国民经济和社会发展的具有智力劳动和体力劳

---

① ［美］彼得·德鲁克：《管理的实践》，齐若兰译，机械工业出版社2015年版，第206页。
② 董克用：《人力资源管理概论》，中国人民大学出版社2007年版。
③ 参见张德主编《人力资源开发与管理》清华大学出版社2001年版，第55页。

动能力的人们的总和，它包括数量和质量两个方面。[①] 本书认为，这种定义注意到了现实中的人力资源和潜在的人力资源两种状态，也注意到了人力资源分为数量和质量两个方面，因此相对较为全面。

第二类是人口说，即从人口的角度出发界定人力资源的含义。例如，贾华强等学者把人力资源定义为包括从出生到法定退休年龄前全部人口资源。[②] 陆国泰把人力资源界定为一定社会区域内所有具有劳动能力的适龄劳动人口和超过劳动年龄的人口的总和。[③] 本书认为，这种定义犯了"定义过宽"的错误，它混淆了人力资源和人口资源之间的区别，把人力资源完全等同于人口资源。一般来说，人口资源主要表现的是一个数量观念，它是指一个国家或地区的人口总体。一个人从出生到死亡的整个生命存续时期，都可以看作人口资源的有机组成部分。人口资源是一个最基本的底数，它是人力资源的基础，一切人力资源都产生于这个最基本的资源中。应当说，人口资源和人力资源的本质都是人，但是人力资源的本质是脑力和体力。总之，人口资源更多的是一种数量概念，而人力资源则更强调一种质量的概念。

第三类是资本说，即从人力资本的角度定义人力资源。例如，丁栋虹等认为人力资源可分为异质型人力资本和同质型人力资源。[④] 周坤把人力资源分为初级和高级两个层

[①] 参见余凯成等编著《人力资源管理》，大连理工大学出版社2001年版，第24页。
[②] 参见贾华强等《经济可持续发展的人力资源开发》，中国环境科学出版社2002年版。
[③] 参见陆国泰《人力资源管理》高等教育出版社2000年版，第33页。
[④] 丁栋虹、刘志彪：《从人力资本到异质型人力资本》，《生产力研究》1999年第3期。

次。他认为人的体力、经验、生产知识和技能是人力资源的初级层次；人的天赋、才能和被挖掘出来的潜能——智慧是人力资源的高级层次。① 本书认为，这种定义犯了"定义过窄"的错误，把人类资源等同于人力资本。应该说，人力资源和人力资本都是以人为基础产生的术语，关注的对象都是依附于人身上的脑力和体力。但是，人力资本一般是指通过各种形式的投资提高了人的素质和技能。因此，人力资本强调投资付出的代价及其回收的效益，而人力资源则更强调人力资源对经济发展的贡献程度。

本书认为，人力资源是指在一定时间和空间内，处于劳动年龄段内的，潜伏于劳动者身上的体力和智力劳动能力的总和，是数量和质量的统一，且这两种能力在积累创造物质资本、开发利用自然资源和促进国民经济发展方面是最活跃最主动的要素。人力资源的数量是指在一定时间和空间内，处于劳动年龄段内的劳动者身上的能力的综合。人力资源的数量受到人口规模、年龄、出生率、死亡率、性别率和人口流动的影响。人力资源的质量是指潜伏于健康劳动者身上的智慧，包括体质、技能和学习力。人力资源不仅具有社会属性，而且具有自然属性，同时还具有主观能动性、时效性、增值性等特点，是一种可再生和可塑的资源。

（三）人力资源的特征

人力资源作为一种特殊资源，具有如下特征。

1. 能动性

人具有主观能动性，能够有目的地进行活动，有目的

---

① 周坤：《论人力资本的特征及其价值实现》，《中国科技论坛》1997年第3期。

地改造外部物质世界。

2. 两重性

人力资源与其他任何资源不同，是属于人类自身所有，存在于人体之中的活的资源，因而人力资源既是生产者，又是消费者。人力资源中包含丰富的知识内容，使其具有巨大的潜力，以及其他资源无可比拟的高增值性。

3. 时效性

人力资源与一般资源如矿产资源不同，矿产资源一般可以长期储存，不采不用，品质不会降低。人力资源则不然，储而不用，才能就会被荒废、退化。工作性质不同，人的才能发挥的最佳期也不同。一般而言，25岁到45岁是科技人才的黄金年龄，37岁为其峰值。时效性要求人力资源开发要抓住人的年龄最有利于职业要求的阶段，实施最有力的激励。

4. 社会性

人力资源处于特定的社会和时代中，不同的社会形态、不同的文化背景都会反映和影响人的价值观念、行为方式、思维方法。人力资源的社会性要求在开发过程中特别注意社会政治制度、国别政策、法律法规以及文化环境的影响。

5. 连续性

人力资源开发的连续性是指，人力资源是可以不断开发的资源，不仅人力资源的使用过程是开发的过程，培训、积累、创造过程也是开发的过程。

6. 再生性

人力资源是可再生资源，通过人口总体内各个个体的不断替换更新和劳动力的"消耗—生产—再消耗—再生产"的过程实现其再生。人力资源的再生性除受生物规律支配外，还受到人类自身意识、意志的支配，人类文明发展活动的影响，新技术革命的制约。

（四）八大特性

人力资源特性，是指人力资源所具有的特殊性质，是其他资源所不具备的特殊素质，是人力资源科学性、实践性的表现，具体包括如下几个方面。

1. 不可剥夺性

人力资源是人的价值意义的内在储存与外在表现，它是同人的生命力密不可分的，是同人的尊严与权益相联系的。不可剥夺性主要表现为：不能压取，不能骗取，不能夺取；一切不科学的办法都将造成人力资源的浪费；一切不正当的手段都将带来人力资源的破坏；尊重、支持、满足人的需要是发挥人力资源作用的最佳方法。因此，不能剥夺，只能在任用中通过良好的管理与开发让其自觉运用与发挥。

2. 生物性

生物性是人力资源行为特征的因由与结果。生物性既存在双向的物质运动，也存在双向的精神运动，还具有单向的抵抗运动。生物性必然带来人力资源使用与开发的艰巨性与复杂性。

3. 社会性

人力资源的社会性主要表现为：信仰性、传统性、人群性、时代性、地域性、国别性、民族性、职业性、层级性、文化性。社会性反映出人的立场观点、伦理道德、价值取向、思维方式与行为模式，为人力资源开发提供了基本思想依据。

4. 时效性

人力资源的培养、储存与运用是同人的年龄有直接关系的。不同年龄阶段反映出人力资源不同类别发挥的不同程度。这种不同时效的反映，也是一种自然规律制约的结果，它为人力资源使用的社会政策与技术手段提供了重要参考。如青少年时期，主要是培养教育资源增存阶段；青中年时期，主要是资源运用与发挥时期；老年时期，主要是剩余资源价值发掘阶段。人力资源的时效性显示出用时有效，用必及时，用逢其时，过时效用不大或无效用；用必须因类而不同，因目的而不同。

5. 资本积累性

人力资源是经济与社会发展的活资本，是最现实的生产力。这种资本是靠不断地培养、教育、维护而形成的，是投资长期积累的结果。其结果显示出：第一，投资伴随人的终生，资本的积累也伴随人的终生；第二，由投资形成的这种活动资本量具有反复利用性；第三，滚动式的资源（资本）运用发挥形式，必然造成无限增值性。资本积累性要求在人力资源管理与开发过程中，必须加大投资以支持良好的培养、教育和维护。

6. 激发性

激发，来源于人的满足需求心理。人力资源的激发性在实践中表现为：拉动力量的激发，协同与启示力量的激发，推动力量的激发，刺激力量的激发。激发性为潜能开发提供了理论方法，是激励机制的出发点。

7. 能动性

能动性是人在自我价值实现中的自主运动行为，是人力资源作用发挥的前提。能动性表现为正向能动与负向能动，其对社会的作用意义是不同的。人力资源的政策应使其充分发挥正向能动，减少和避免负向能动。

8. 载体性

载体性是人力资源具备装载、运输、传递的能力，是不可剥夺性的必然结果。人力资源的载体性取决于：一是确实有能力承载；二是确实承载了有用资源；三是确实能输出承载资源。人力资源的载体性，为人才的交流提供了前提条件。

二　人力资源管理的概念和发展

（一）人力资源管理研究的发展阶段

现在一般认为，"人力资源是第一资源，它是指一定时期内组织中的人所拥有的能够被企业利用，对价值创造做出贡献的知识、能力、技能、经验、体力等的总和"[1]。对人力资源管理的研究大体上可以分为三个阶段：一是理念管理。这一阶段是萌芽阶段，我国古代在对人的利用上有着非常丰富的看法，西方早期人事理论思想也相伴产生。二是量化管理。近代以效率为中心的管理，主要是把人当作物来管理。对于劳动者的劳动时间、产品生产的过程进行计量管理，使管理更加科学化、系统化，其典型就是以泰勒制为代表的古典管理理论。三是量与质化的管理。现代人本管理，即量与质并用，其思想本质是以人为本。物的作用已经退居次席，如何积极发挥人的主观能动性成为重点。例如，从人的需要出发，有以马斯洛为代表的"需求层次理论"；从人的行为出发，有道格拉斯·麦

---

[1] 胡更鑫：《对人力资源纵深内涵的思考——从"人"向"人力资源"的转变》，《人力资源管理》2011年第12期。

格雷戈提出的 X 理论和 Y 理论，以及约翰·莫尔斯（J. J. Morse）和杰伊·洛希（J. W. Lorscn）提出的超 Y 理论；威廉·大内（William Ouchi）的"Z 理论"；从人的心理出发，有美国心理学家赫茨伯格提出的双因素理论等。

赵曙明对于中国改革开放以来的人力资源管理发展阶段做了全面总结，他指出："总体上看，中国改革开放 30 年来的人力资源管理的发展经历了理念导入、实践探索、系统深化的过程。20 世纪 80 年代前，中国基本处于传统计划经济体制下的'劳动人事管理'阶段。从 80 年代中后期开始，人力资源管理的基本理念逐步引入中国，但人力资源管理实践尚未大规模地应用，这与当时中国社会经济管理体制改革的情况基本一致。到了 20 世纪 90 年代中后期，全社会已经意识到人力资源管理需要不断改革和发展创新，人力资源管理实践在中国开始得到普遍运用，但当时企业管理体制和劳动力市场经济体制的改革尚不能够有力地支持现代人力资源管理制度规章的建立和健全。进入 21 世纪后，随着外部环境的重大变革，人力资源管理改革进一步深化，正朝着国际化、市场化、职业化、知识化的方面发展。"[1]

（二）人力资源管理概念类型

随着人力资源管理理论和实践的不断发展，国内外产生了多种不同的人力资源管理理论流派。这些不同的流派从不同的角度对人力资源管理的概念进行了解释。国内学者闻效仪把学术界关于人力资源管理的概念和定义划分为四种类型：第一，人力资源管理属于一种管理职能，是在

---

[1] 赵曙明：《中国人力资源管理三十年的转变历程与展望》，《南京社会科学》2009 年第 1 期。

生产过程中一个人对另一个人进行协调和控制的过程。基于此视角，人力资源管理的目的是管理组织内的个体，有组织则有人力资源管理，无论组织规模、性质和层级（Drucker，1954；Bakke，1958）。第二，人力资源管理是对员工进行专业化和职业化管理的过程。专业化的人力资源管理部门设立，是为了满足组织雇员规模不断扩大的需要，为了更好地对员工进行职业化管理。人力资源管理部门的目标、任务、运行和实践，主要为满足组织发展所需要的员工招聘、培训开发、薪酬福利、绩效管理等专业技术行为（Peterson，1979；Dessler，1986）。第三，基于"人本主义"视角，区分了人力资源管理与人事管理，认为企业的"最佳实践"（Best Practice）就是人力资源管理，人力资源管理更加强调员工的组织价值。这类定义强调人力资源管理与人事管理的区别，人力资源管理的发展是基于企业为获取长期竞争优势的主动战略选择（Hemmman，1980；Delaney，1989；Schuler，1995）。第四，秉承雇主、员工利益多元化思想，基于雇员角度，对雇主实施人力资源管理的动机进行质疑。这些学者认为，人力资源管理不是要在雇佣双方之间建立一种新型的、平等的合作伙伴关系，目的也不仅仅是"互惠"，更不能是一种能够躲避工会和掩饰管理控制方式（Storey，1987；Salomon，1992）。[1]

国内著名学者董克用则将国内外各种人力资源管理流派所持有的关于人力资源观的概念界定归纳为以下五类：第一类主要从人力资源管理的目的角度解释人力资源管

---

[1] 闻效仪：《人力资源管理的历史演变》，中国社会科学出版社2010年版，第2页。

理的含义，认为它是通过人力资源管理来实现组织的目标。第二类主要是从实践过程或承担的职能来解释人力资源管理，认为人力资源管理是一个活动过程。第三类主要揭示了人力资源管理的实体，认为人力资源管理就是与人有关的制度、政策等。第四类侧重于人力资源管理主体，认为人力资源部门或人力资源管理者的工作就是人力资源管理。第五类从目的、过程等方面出发综合进行解释。[①]

虽然关于人力资源管理这一概念的内涵西方理论界一直存在争议，但通常被定义为：一系列具有决策性意义并相互协调一致的关于组织内部人员管理的方法和措施。这一概念是基于"员工是企业最宝贵的资产"的认识，并希望通过对员工个人和集体行为的管理来实现企业所设定的目标。

第四节　人才与人才管理

人才与人力资源在概念上非常接近，在本质上也是一致的。但是随着知识经济的深入发展，人力资源的作用越来越专业化、信息化和智能化，这就需要特别重视人力资源中的人才的作用，这已经在社会治理、企业管理中得到普遍认同。因此，我们非常有必要在研究分析完人力资源的概念之后，专门、详细地探究人才的概念、人才的分类以及人才管理。

---

① 董克用：《人力资源管理概论》，中国人民大学出版社2011年第3版，第77—79页。

一　人才的概念与分类

（一）人才的概念与发展

如前文所述，"人才"一词带有鲜明的中国特色，英语中与之最相近的词是 talent、genius，其意为"天才"、"有特别才能的人"；相近的词还有 human capital，中文翻译为"人力资本"，指凝集在劳动者本身的知识、技能、智慧及其所表现出来的劳动能力。与 talent 和 genius 主要指人的天赋才能不同，人力资本主要指人后天通过培训形成的知识能力。作为开发与管理对象的人才，英语中接近的词是 humanresources，中文译为"人力资源"，没有专门的与人才资源相近的词。

对于优秀人才的论述，根据所查阅的资料，有美国管理学家安德鲁·J. 杜勃林（Andrew J. Deublin）用大量的跨国公司管理实例佐证了寻找与正确使用优秀人才的重要性；有美国罗伯特·沃特曼（Robert Waterman）用大量理论与事实证明了"只有生命中最本质的兴趣才能使大多数人保持快乐，并且长期在工作中表现突出"的观点。

在中国，有关人才的概念，必须追溯很久远的中国历史。据考证，我国历史上第一个使用"人才"概念的人是东汉时期杰出的唯物主义思想家王充。他所著的《论衡》85 篇中，有大量关于人才问题的论述，开卷篇就强调"人才高下，不能钧同"，"操行有常贤，仕宦无常遇。贤不贤，才也；遇不遇，时也"。从语义学上看，《辞海》对"人才"的解释是指有才识学问的人、德才兼备的人；《现代汉语词典》关于"人才"的定义是"德才兼备的人、有某种特长的人"①。可见，在古代人才一般被认为是有才华、德行高的人。

新中国成立特别是改革开放以来，"人才学"作为一门学科诞生并蓬勃发展，我国当代人才研究者对人才的概念有了更为深入、科学的探讨。雷桢孝和蒲克提出，"人才是指那些用自己的创造性劳动效果，对认识自然改造自然，对认识社会改造社会，对人类进步做出了某种较大贡献的人"②。叶忠海等认为："人才，是指那些在各种社会实践活动中，具有一定的专门知识、较高的技能和能力，能够以自己的创造性劳动，对认识、改造自然和社会，对人类进步做出某种较大贡献的人。人才是人群中比较精华、先进的部分，是人民群众推动历史前进的代表。"③ 王通讯认为："人才就是为社会发展和人类进步进行创造性劳动，在某一领域、某一行业或某一工作上作出较大贡献的人。"④ 罗洪铁认为："人才，是指那些具有良好的素质，能够在一定条件下通过不断地取得创造性劳动成果，对社会的进步和发展产生了较大影响的人。"⑤ 乔盛认为，先要将"人"与"才"分开讨论，即人是一种具有智慧的、创造文明财富的高级动物。"才"字的产生也是人的劳动的贡献和发明。所以将人才概念总结为"人才是人与才能相结合的代表作品"，在一番分析的基础上指出，人才是指对所处时代和未来社会发展、历史进步做出特殊贡献的那一部分人，包括对人才的能力、品德、贡献、价值、影响

---

① 《现代汉语词典》（第5版），商务印书馆2005年版，第1144页。
② 雷桢孝、蒲克：《立当建立一门"人才学"》，《人民教育》1979年第7期。
③ 叶忠海、陈子良等：《人才学概论》，湖南人民出版社1983年版，第59页。
④ 王通讯编著：《人才学通论》，天津人民出版社1985年版，第1—2页。
⑤ 罗洪铁主编：《人才学基础理论研究》，四川民族出版社2003年版，第6页。

力的综合评估。[①] 在总结我国人才概念发展阶段的基础上，赵恒平、雷卫平进一步指出："人才，是指具有良好的素质，在一定的社会历史前提条件下，以其创造性劳动，对社会发展和人类进步做出积极贡献的人。"[②] 可见，当代中国人才研究者认为人才最重要的特点是要具有"创造性"。

不仅专业的人才学者对人才问题研究精深，我们党更是高度重视人才发展和人才工作。党的十六大以来我国的人才事业不断发展，提出了人才强国战略，形成了科学人才观。科学人才观对人才概念和人才标准做出了新的阐释。

2003年12月，胡锦涛在第一次全国人才工作会议中明确提出："坚持党管人才原则，坚持以人为本，坚持尊重劳动、尊重知识、尊重人才、尊重创造的方针，把促进发展作为人才工作的根本出发点，紧紧抓住培养、吸引、用好人才三个环节，加强人才资源能力建设，深化人才工作体制改革，大力培养各类人才，加快人才结构调整，优化人才资源配置，促进人才合理分布，充分开发国内国际两种人才资源，努力把各类优秀人才集聚到党和国家的各项事业中来，使我国由人口大国转化为人才资源强国，为全面建设小康社会提供坚强的人才保证和智力支持。"这表明，我国对于人才的认定，将不以学历、职称与身份作为人才的主要衡量标杆，而是以品德、知识、能力与业绩来评判。这是党和政府在人才观念上的一次历史性转变，从后来发生事实来看，这种转变对我国的人才工作以及经

---

① 参见乔盛《人才论》，中共中央党校出版社2008年版，第1—5页。
② 赵恒平、雷卫平编著：《人才学概论》，武汉理工大学出版社2009年版，第3页。

济社会发展均产生了深远的影响。

2010年6月发布的《国家中长期人才发展规划纲要（2010—2020年）》进一步明确指出："人才是指具有一定的专业知识或专门技能，进行创造性劳动并对社会作出贡献的人，是人力资源中能力和素质较高的劳动者。"《国家中长期人才发展规划纲要（2010—2020年）》对于人才的定义坚持了科学人才观的指导，高度概括了新时期人才的特点：一是具有一定的专业知识或专门技能，是进行创造性劳动的前提；二是进行创造性劳动，突出了人才的实践性，是人才区别于一般劳动者的显著特征；三是对社会做出贡献，是对人才的核心要求；四是人力资源中能力和素质较高的劳动者，明确了人才寓于人力资源中，人才蕴藏于群众之中。科学人才观成为我国人才问题研究的主要标准。

本书认为，《国家中长期人才发展规划纲要（2010—2020年）》关于人才的定义具有科学性、全面性和客观性，是真正对人才概念内涵和外延做出的经典概括，因此本书认可这一概念的界定。

（二）人才的类型

关于人才的类型问题，国内外学者均有深入的研究，在国内，叶忠海（1990）在《普通人才学》一书中进行了全面分析。他首先指出："纵观人才类型产生和发展的过程，我们可以提出一个明显的结论：人才类型是历史的产物，随着社会分工的产生而产生，并随着社会分工的发展而发展。一方面人才类型随着社会分工的发展越分越细，另一方面又随着社会分工的发展，不同类型人才之间又相互交叉和结合，形成了多序列、多层次、动态变化的社会人才类型体系，每种人才类型均在社会人才类型总体系中有其一定的客观地位。人才类型呈现着历史性、复杂多样性、客观性。"①

他进一步指出人才分类的方法体系，归纳起来，大致有传统的人才分类和现代的人才分类两大分类法。每一大类分类法中，又可分为横向分类和纵向分类。传统的人才横向分类——按照人才社会分工分类，包括采猎人才、农业人才、工业人才、商业人才、社会服务人才、行政服务管理人才、科教文人才等。传统的人才纵向分类分为两种：一是按照人才的年龄段分为青年人才、中年人才、老年人才；二是根据人才的才能高低和贡献大小分为一般人才、杰出人才、伟大人才，或者分为初级人才、中级人才、高级人才。现代的人才纵向分类——按照人才成长过程加以划分，包括准人才、潜人才和显人才。现代人才的横向分类——按人才内在素质加以划分，首先是一维分类法，包括按照人才素质的特征分类，如道德型人才、科学型人才、记忆型人才；按照知识结构分类，如日本学者营野友文对于科技人才按照知识结构又分为四类：一型人才、I型人才、T型人才、π型人才；按思维方式的特征分类，如直觉型人才、艺术型人才、逻辑型人才；按才能倾向性分类，如苏联学者列·索·勃利亚赫曼把科技人才分为四类，分别是发现型人才、论证型人才、实现型人才、传播型人才；按个性气质分类，如多血质型人才、胆汁质型人才、黏液质型人才、抑郁质型人才；按性别身心特征分类为女性人才和男性人才。其次是二维分类法，如按照

---

① 叶忠海主编：《普通人才学》，复旦大学出版社1990年版，第50页。

思维特征和个性特征分类，把人才分为性格外向的线性思维人才、性格外向的系统思维人才、性格内向的线性思维人才、性格内向的系统思维人才。另外，还有现代人才的混合划分——按照人才内在素质综合混合分类，包括按知识掌握的深广度和才能多少分类，可把人才分为通才和专才；按照人才变现分类一般可分为早熟型人才、晚成型人才、多才型人才、多产型人才。[①]

在国外，日本学者涩谷宪一《英才释义》一文中介绍了日本宫城音弥的才能类型图式，将才能分为四类：凡可塑性、适应性优异者为能才，凡创造性优异者为天才，具有特异能力者为异才，才能低劣者为无才。并提出了在可塑性强且适应性也强的人和能力低劣、可塑性适应性各方面都十分欠缺的人之间有的一个所谓"平衡痴呆"，它是指一些看起来能力非比寻常的人，但实际能力却十分缺乏的人；在有着特异和特殊能力的人与能力低劣、可塑性适应性各方面都十分欠缺的人之间又有一个叫"特异精薄"的概念，指一种智力低劣，但有特殊能力的人，譬如，有的人智商不过50，甚至生活不能自理，但记忆历史人物出生年月，或记其他日期很清楚。

英国剑桥大学动物病理学教授贝弗里奇（W. I. B. Beveridge，1979）在所著的《科学研究的艺术》一书中，以科学家才能的特点，把科学家分为"推测型"和"条理型"两类。所谓推测型人才就是那些思维活跃，想法创新，富有勇气去大胆假设并运用实验加以证明（演绎法），通过这一系列过程获得科学成就的人才；所谓条理型人

[①] 叶忠海主编：《普通人才学》，复旦大学出版社1990年版，第51—58页。

才，则是以不断的循序渐进的方式，积累知识和材料，再对资料进行归纳分析（即归纳法），而取得科学成就的人才。① 贝弗里奇通过研究还指出，"条理型"的科学家更加适合于从事具有确定性结论的发展性研究，而"推测型"科学家更适合于从事具体不确定性结论的探索性研究。正像他所说的："所谓推测型和条理型是两个极端，也许多数科学家兼有二者的某些特点。"②

本书认为，广义的人才可理解为人与才能相结合的代表作品，人才与一般的人力资源相比，其知识和技能都达到了相当高的水平，且通过运用自己的才能和技能，能为企业生产发展、社会发展和文明发展等做出创造性贡献。可见，作为人才，其突出的特点一是具有创新能力，二是要用自己的能力为企业、为社会等做出突出的贡献。

二 人才资源与人力资源的联系与区别

人才资源与人力资源具有一些相同的特征，即能动性、两重性、时效性、再生性、社会性等特征。人才资源不仅具有与人力资源相同的特征，而且还具有一般人力资源所不具备的特征，即内在素质的优越性、劳动过程的创新性和劳动成果的创造性、贡献超常性、资源的稀缺性、不可替代性及时代性和群众性等。

（一）人力资源与人才资源的共同特征

1. 能动性

这是人力与人才资源区别于其他资源的最根本的区别。

---

① ［英］W. I. B. 贝弗里奇：《科学研究的艺术》，陈捷译，科学出版社1979年版，第152页。

② 同上书，第153页。

2. 两重性

人力与人才资源既是投资的结果,同时又能创造财富,或者说,它既是生产者,又是消费者。

人力与人才资本的投资主体有国家、个人、社会组织、家庭及其他社会成员。用于对教育的投资、对卫生健康的投资和对人力与人才资源迁移的投资,构成人力资本的直接成本(投资)的一部分;另外,人力资源由于投入大量的时间用于接受教育以提高知识和技能,而失去了许多就业机会和收入,这构成了人力资本的间接成本(即机会成本)。从生产与消费的角度来看,一方面,人力与人才资本投资是一种消费行为,并且这种消费行为是必需的,是先于人力资本收益的,没有这种先前的投资,就不可能有后期的收益;另一方面,人力与人才资源与一般资本资源一样遵从投入产出的规律,并具有高增值性。对人力与人才资源的投资,无论是对社会还是对个人所带来的收益要远远大于对其他资源投资所产生的收益。

3. 时效性

人力与人才资源存在于人的生命之中,它是一种具有生命的资源,它的形成、开发和利用都要受到时间的限制。从个人成长的角度来看,人才的培养也有幼稚期、成长期、成熟期和退化期,相应地,其使用则经历培训期、试用期、最佳使用期和淘汰期。这是由于随着时间的推移,社会将不断进步,科学技术也将不断发展,使得人的知识和技能相对老化而产生的结果。人力与人才资源的开发与管理也必须尊重人力与人才资源的时效特征。

4. 再生性

与物质资源相似,人力与人才资源在使用过程中也会出现有形磨损和无形磨损。有形磨损是指人身的疲劳和衰老，这是一个不可避免的、无法抗拒的损耗。无形磨损是指个人的知识和技能与科学技术发展相比的相对老化，可以通过一定的方式与方法减少这种损耗。物质资源在形成产品、投入使用并磨损以后，一般予以折旧，不存在继续开发的问题。人力与人才资源在使用过程中，有一个可持续开发、丰富再生的独特过程，使用过程也是开发过程。人力与人才资源能够实现自我补偿、自我更新、自我丰富、持续开发。这就要求人力与人才资源的开发和管理要注重终身教育，加强后期培训与开发，不断提高其德才水平。

5. 社会性

由于每个人受自身民族文化和社会环境影响的不同，其个人的价值观也不同，他们在生产经营活动、人与人交往等社会性活动中，其行为可能与民族（团体）文化所倡导的行为准则发生矛盾，可能与他人的行为准则发生矛盾，这就要求人力与人才资源管理注重团队的建设，注重人与人、人与群体、人与社会的关系及利益的协调与整合，倡导团队精神和民族精神。

（二）人才资源与人力资源的区别

人才资源是那些管理水平高、技术能力强、有智慧、有能力、思想解放、勇于创新、可使效益最大化的人才。它与普通意义上的人力资源相比，含量最高、价值形成中的作用更大。人才资源属于人力资源，但又不等同于人力资源，它是人力资源中最高的部分。人才资源是独特的资本性资源，具有自我增值的巨大潜力，相对于其他的物质资源而言，人才资源对社会的贡献及其收益具有依次递增的趋势，而其他的物质资源一般则有渐次递减的趋势，即人才资源是具有高增值性资源。特别是在新技术革命日新月异的今天，人才资源尤其是高层次的人才资源对社会的贡献和其自身的收益率明显高于其他的物质资源。同时，人才资源是可以再生的资源，即人才资源作为经济社会发展中最重要的生产要素，通过不断地增加教育和培训投入，在再生产的过程中多次使用，可以不断地创造价值。人才资源是经济和社会发展的动力源泉，是一种特殊的、具有创造力的资源。为此，人才资源的开发是其他一切资源开发的决定因素，人类生存发展所凭借的资源主要包括人力、物力、财力和信息四类，在这四类资源中，人类自身的能力是最为重要的。人才资源开发是经济社会可持续发展的最终基础，人才资源具有其他资源生产要素所不具有的无限开发性，所以人才资源开发程度是衡量社会进步的重要标志，人才资源开发不仅可以直接促进社会生产力的进步，而且有助于从根本上提高其他生产要素的利用与配置效率，带动整个社会的文明进步。

（三）人才资源的本质特征

人才资源的本质特征表现在其创造性的劳动过程中。与人力资源相比，人才资源还有以下不同的特征。

第一，内在素质的优越性。一般来讲，人才都在一个或几个方面具备一般人所不具备的优越素质。这里的素质是广义的，超出我们一般所指的德、智、体、美等范畴。它包含许多方面，如高学历、品德高尚、智力超群、谋略过人等。这些都是一般人所不具备的，因此，内在素质的优越性是人才的本质特征之一。

第二，劳动过程的创新性和劳动成果的创造性。

第三，贡献的超常性。人才具备了创造性就决定了他能够取得比前人、比一般人更大的成就，因而人才的贡献要远大于一般人。这也是人才的本质特征之一。

第四，资源的稀缺性。人才资源具有稀缺性，这一特征在发展中国家表现得更为显著，因而应赋予人才资源更为重要的经济意义。

第五，不可替代性。杰出人才的艰巨复杂劳动，是一般人不可替代的。这就是历史唯物主义所指的"个人在历史上的作用"，如果这种作用集中体现在某个人才身上，那么，这个人才就在那个时代（或环境、条件）下具有不可替代性，发挥不可替代的作用。

第六，时代性和群众性。

（四）人才资源的分类

人才资源可以根据需要进行不同的分类。最基本的分类方法有以下三种。

第一，按所学专业，可以划分为自然科学技术人才资源与哲学社会科学专业人才资源两大类。各大类又可以按学科、专业门类再逐级划分。如自然科学技术人才资源中的工程技术人才、科学研究人才等；其中工程技术人才还可分为矿业工程技术人才、生物工程技术人才等。

第二，按工作性质，可以细分出某一大类中的某一种人才。如专业技术人才、企业经营管理人才、党政管理人才、技能人才。

第三，按社会称谓分类，如科学家与工程师。科学家、工程师通常是指具有大学毕业以上文化水准及具有工程师或相当于工程师以上专业技术职务的人。国际上常以"科学家与工程师"作为统计口径来统计各国的专业技术人才数，因而这一指标在国际上具有可比性。

（五）人才资源的管理

企业人才资源管理是指企业对人才的招募、录取、培训、使用、升迁、调动直至退休的一系列管理活动的总称。人才资源管理的主要目的在于科学、合理地使用人才，充分发挥人才的作用，推动社会和组织的迅速发展。企业人才资源开发主要指企业通过职业技能培训、使用和启智等一系列活动，达到培养各类人才、开发人的潜能、提升人的质量的目的。从世界范围看，新的人才资源管理理念在西方发达国家首先形成，并逐步成为企业人才资源管理中的主流观点，之后这些新的人才资源管理理念传入世界各国，为各国企业界所认同，并在与本国国情相结合的过程中发扬光大，从而在全球范围内形成了一场企业人才资源管理理念的革命。

三　人才管理的概念与发展

拥有五千年文明史的中华民族自古以来就非常注重人才管理，人才选拔、人才培养、人才使用、人才激励等形成一套独具特色的体系。孔子在《论语》中提出"以人为本"的思想，认为人是自然界的主人，人的社会性决定了理想的社会需要靠人实现。孟子也非常注重人才管理，提出了"民为邦本，本固邦宁"的重要观点，认为"凡为天下，治国家，必先务本而后务末。所谓本者，非耕耘种植之谓，务其人也"。荀子认为"人为万物之灵"，强调人在社会中的重要作用。唐朝的鼎盛局面更是和以人为本的思想密不可分，李世民提出"治天下者，以人为本"。我国古代的人才管理思想光芒闪烁，是中华民族优秀的文化传统所在，但近代以来我国的人才管理思想发展相对较慢，所取得的成果相对较少。改革开放以来，国内学者便开始重新关注人才管理的研究，人才管理至今仍是国内学者研究的热点问题。

直到20世纪末期，西方学者才提出人才管理的概念，但当时并没有引起人们的充分重视，随着知识经济时代的到来，人才对企业的作用越来越大，人才管理逐渐成为学者们研究的热点问题。本书试图通过以下几个方面对现有文献进行评述：第一，人才管理内涵的研究，人才管理既包含传统人力资源管理的内容，如招聘、甄选、开发等，也具有本身独特的内容；第二，人才管理理论框架搭建的相关研究，要让恰当的人才进入恰当的职位；第三，人才管理的"绩效"管理。

（一）人才管理的内涵

自麦肯锡1998年提出"人才管理"的概念后，到目前还没形成学者们普遍认可的定义，克里尔曼（Creelman，2004）把人才管理表述为管理者的一种心态，切洛哈（Cheloha，2005）从企业继任计划的角度对人才管理进行定义，[1] 也有些学者只是认为人才管理对组织的发展具有战略意义，但没有给出具体定义。[2] 本书根据现有文献，拟从以下几个方面对人才管理定义进行梳理：第一，基于传统功能的定义；第二，基于人才池的诠释；

---

[1] Cheloha R., Swain J., "Talent Management System Key to Effectivesuccession Planning", *Canadian HR Reporter*, Vol. 18, No. 17, 2005, pp. 5–7.

[2] Ashtonc, Morton L., "Managing Talent for Competitive Advantage", *Strategic HR Review*, Vol. 4, No. 5, 2005, pp. 28–31.

第三，基于一般性导向的定义；第四，基于战略导向的诠释。

1. 基于传统功能的定义

拜厄姆（Byham，2001）和默瑟（Mercer，2005）认为对组织人才的管理就是做好人才的招聘、培训及开发等，这和传统的人力资源管理非常相似，因此他们把人才管理定义为"组织对员工的招聘、甄选、开发、培训等一系列内容在内的人力资源部门的实践活动"，这一管理过程贯穿于组织活动的始终，而不是只存在于某一个环节。[①] 苏里文（Sullivan，2005）认为只有在科学合理的人才管理程序下，才能从招聘人员中获得最适合本组织发展的候选人，通过组织的培训和开发可以鼓励"成长中的人才"获取应具备的本组织的知识，培养人才的创新思维能力，这样的人才管理对组织的发展才能起到推动作用。[②] 富尔默（Fulmer，2008）则从传统人力资源的继任计划和领导力开发的角度对人才管理进行定义，认为继任计划和领导力开发是人才管理的关键所在。[③]

2. 基于人才池的诠释

帕斯卡（Pascal，2002）从人才池的角度对人才管理进行诠释，认为人才管理的主要功能就是要使组织中的所有岗位都有相应职能的员工服务，对这一管理过程的设计

[①] Heinen J. S., O'Neill C., "Managing Talent to Maximize Performance", *Employment Relations Today*, Vol. 31, 2004, pp. 67–82.

[②] Sullivan J., *To Build, Buy or Trade Talent: That is the Question Behind Talent Management*, http://www.erexchange.com/Articles/default.asp?CID = ｛B22548F2-AAD0-4551-83EC-561E0AE959EA｝.

[③] Conger J. A., Fulmer R. M., "Developing Your Leadership Pipeline", *Harvard Business Review*, Vol. 81, No. 12, 2003, pp. 76–84.

即是人才管理。[①] 凯斯勒（Kesler，2002）分析了人才管理和传统人力资源管理的区别，认为人才管理和传统的人力资源管理都需要招聘、甄选等一系列程序，同时和传统人力资源管理的继任计划及人力资源规划也有很大相同之处。[②] 莱米西奥（Lermusiaux，2005）认为人才管理就是对企业人才池的管理，通过对组织中的员工进行有效管理，了解员工需求，力求满足员工需求从而达到管理员工的连续性。[③] 施魏尔（Schweyer，2004a）则更强调人才池的内容管理，认为有效的人才管理必须以了解内部员工的需求为前提，只有对员工充分认识的基础上才可能实现对员工的合理配置。[④]

3. 基于一般性导向的定义

米歇尔（Michaels，2002）认为人才管理不应该受组织边界的限制，同时组织的职位也应该没有特殊性，都是基于一般性的岗位设置，对人才的管理不能只是考虑人才的特殊作用，而应在一般性的导向下去发现并奖励高能力的人才。[⑤] 阿克塞尔罗德（Axelrod，2001）从人才管理的绩效角度进行诠释，认为人才在工作过程中所产生的绩效非常重要，通过绩效管理可以更好地发挥人

[①] Pascal C., *Talent Management Systems: Best Practices in Technology Solutions for Recruitment, Retention, and Workforce Planning*, Canada: Wiley, 2002.

[②] Kesler G. C., "Why the Leadership Bench Never Gets Deeper: Ten Insights about Executive Talent Development", *Human Resource Planning*, Vol. 25, 2002, pp. 32-44.

[③] Lermusiaux Y., Talent Management: A Definition, http://www.taleo.com/blog/index.php?m=200505.

[④] Schweyer A., *Talent Management Systems: Best Practices in Technology Solutions for Recruitment, Retention, and Workforce Planning*, Canada: Wiley, 2004.

[⑤] Axelrod B., Handfield-Jones H., Michaels E., "A New Game Plan for C Players", *Harvard Business Review*, Vol. 1, 2002, pp. 81-88.

才的作用。[①] 甘多斯和韦尔马（Gandossy & Verma，2008）认为人才就像毫无差别的一般性资源，对资源的开发和利用是人才管理的关键所在，强有力的人才资源是组织绩效提高的重要因素，人才对组织具有重要的价值。[②]

4. 基于战略导向的诠释

基于战略导向的人才管理更加注重关键目标的识别，组织的关键目标是决定绩效的重要因素。科林斯（Collings，2009）认为人才管理是一个战略的过程，通过识别对组织发展有关键作用的目标体系，可以通过构建并填补高潜力和高绩效的人才池，建立一个有能力和责任心的团队，促进组织高效运转。[③] 梅拉赫（Mellahi，2013）认为一般企业的人才管理侧重于企业短期效益的策略管理，而从企业的长远利益考虑较少，对人才管理的诠释既要考虑企业当前利益，更要注重企业的长久发展。

（二）人才管理的理论框架

现有研究成果对人才管理搭建了一个基本研究框架，对人才管理的主要功能的战略定位进行分析，主要从以下几个方面进行诠释：第一，关键职位的识别及确定；第二，人才池的开发；第三，差异化人力资源架构。

1. 关键职位的识别及确定

关键职位的识别及确定是人才管理框架设计的主要环节，布德罗（Boudreau，2005）认为管理中管家职位的识

[①] Michaels E., Handfield-Jones H., Axelrod B., *The War for Talent*, Boston: Harvard Business School Press, 2001.

[②] Gandossy R., Kao T., "Talent Wars: Out of Mind, out of Practice", *Human Resource Planning*, Vol. 27, No. 4, 2004, pp. 15-19.

[③] David G. C., Kamel M., "Strategic Talent Management: A Review and Research Agenda", *Human Resource Management Review*, Vol. 19, 2009, pp. 304-313.

别及确定是组织保持持续竞争力的主要因素。[1]雷帕克（Lepak，2008）主张人才管理应该遵循自下而上的设计原则对关键职位进行设置，注重员工的自身价值及对组织的独特性。[2]休赛里德（Huselid，2006）则主张自上而下的人才管理框架设计原则设置岗位，认为员工只有表现出对组织的贡献才能说明对组织有战略价值，应该根据员工所做贡献进行岗位的合理配置。[3]贝克尔（Becker，2005）从员工关键职位战略角色转换的视角进行人才管理框架设计，认为人才管理的框架不能是一成不变的，应该根据发展了的实际情况适时改变。[4]蓝斯塔德（Ranstad，2007）主张应注重人才池中20%关键人才的管理，通过对人才进行分割管理，在关键职位配置高质量的管理人才，如果对那些非核心人才上投入过多，将会导致组织绩效的下降。[5]

2. 人才池的开发

人才池是组织关键人才集中的表现，这些人才可以满足组织发展的不同需求。比约克曼和法恩代尔（Bjorkman & Farndale，2007）认为在识别关键职位之后，战略人才管理框架设计的关键是开发可以满足关键职位人才需求的

---

[1] Boudreau J. W., Ramstad P. M., "Talentship, Talent Segmentation, and Sustainability: A New HR Decision Science Paradigm for Anew Strategy Definition", *Human Resource Management*, Vol. 42, 2005, pp. 129-136.

[2] Lepak D. P., Shaw J. D., "Strategic HRM in North America: Looking to the Future [2008]", *International Journal of Human Resource Management*, Vol. 19, 2008, pp. 1486-1499.

[3] Becker B. E., Huselid M. A., "Strategic Human Resource Management: Where do We Go from Here?", *Journal of Management*, Vol. 32, 2006, pp. 898-925.

[4] Huselid M. A., Beatty R. W., Becker B. E., "'A Players' or 'Apositions'? The Strategic Logic of Workforce Management", *Harvard Business Review*, Vol. 9, 2005, pp. 110-117.

[5] Boudreau J. W., Ranstad P. M., *Beyond HR: The New Science of Human Capital*, Boston, MA: Harvard Business School Press, 2007.

人才池，对相应职位进行及时补充和更新。① 斯塔尔（Stahl，2009）的实证研究验证了人才池战略的高效性，通过招聘最优秀的员工并为他们配置合适的职位可以使组织绩效得到较大提高。② 卡普利（Cappelli，2008a）关注人才池的风险管理，在人才管理过程中存在员工和技能的潜在不匹配现象，人浮于事等将会对组织绩效的提高造成负面影响。在人才池的开发方面应把内部提拔和外部招聘相结合，以确保组织的定性和定量管理，同时应从更为广泛的范围开发人才。③

3. 差异化人力资源架构

伍德（Wood，1999）认为人才管理应该和组织的实践运营相结合，根据内外环境的变化合理设计人力资源框架，人才战略管理应该和公司发展战略相一致。④ 雷帕克（2004）认识到差异化人力资源架构设置的重要性，认为不同的员工具有差异化的能力，对组织所做的贡献也存在差异。徐等（Tsui et al.，2007）把多重人力资源系统进行区分，认为由于员工的差异性会对组织发展具有不同影响。斯内尔（Snell，2012）认为组织的人力资源架构不可能适用组织发展的所有情况，这种情况只有组织对独特人力资本具有依赖性时才可能出现，员工被组织雇用有些因员工具有公司所需要的知识，有些是因工作任

---

① Smilansky J., *Developing Executive Talent: Best Practices from Global Leaders*, Chichester: John Wiley, 2006.

② Cappelli P., *Talent on Demand*, Boston, MA: Harvard Business School Press, 2008.

③ Cappelli P., "Talent Management for the Twenty-first Century", *Harvard Business Review*, Vol. 3, 2008, pp. 74-81.

④ Boxall P., Purcell J., *Strategy and Human Resource Management* (2ed.), Palgrave Macmillan: Basingsoke, 2008.

务被雇用，有些是基于合约被雇用，也有些员工是因联盟或合伙企业被雇用。[1]

(三) 人才管理的"绩效"管理

现有研究成果一般认为人才管理对组织绩效具有至关重要的作用，但该部分的研究成果缺乏系统性。科林斯 (Collings, 2009) 分析了战略性人才管理和员工产出之间的关系，认为员工对企业的忠诚及企业对员工的合理激励对组织的发展具有重要作用，通过对员工进行精神及物质方面的激励可以促进组织成果的增加。[2] 肖 (Shaw, 2010) 指出人才战略管理的部署可以通过人才池帮助员工认识到组织的战略目标，通过管理系统的调节使员工不仅注重个体绩效，更要注重组织绩效的最大化。[3] 布隆伯格 (Blumberg, 2010) 对组织绩效的影响因素进行研究，认为员工能力、员工期望以及企业所能给员工提供的发展机会对组织绩效的影响很大。奥普勒 (Oppler, 2011) 从企业的客观条件、人为因素及技术能力等方面对影响组织绩效的因素进行分析。巴特 (Batt, 2012) 对服务业的绩效和人才管理进行研究，认为员工技术水平的提高和企业特殊的吸引力对组织的高绩效运转作用较大，[4] 布恩 (Boon, 2013) 构建 AMO 的理论分析框架，认为员工能力、工作动机及

---

[1] Lepak D. P., Snell S. A., "The Human Resource Architecture: Toward a Theory of Human Capital Allocation and Development", *Academy of Management Review*, Vol. 24, 1999, pp. 31-48.

[2] David G. C., Kamel M., "Strategic Talent Management: A Review and Research Agenda", *Human Resource Management Review*, Vol. 19, 2009, pp. 304-313.

[3] Lepak D. P., Shaw J. D., "Strategic HRM in North America: Looking to the Future [2008]", *International Journal of Human Resource Management*, Vol. 19, 2008, pp. 1486-1499.

[4] Batt R., "Managing Customer Services: Human Resource Practices, Quit Rates, and Sales Growth", *Academy of Management Journal*, Vol. 45, 2002, pp. 587-597.

发展机会是员工绩效提高的重要决定因素。员工对组织文化的认可可以提高工作积极性，员工为了实现对组织的承诺会增加为组织做贡献的动机。克里斯托夫（Kristof, 2013）认为关键职位和关键人才合理搭配是组织绩效提高的关键，工作团队的凝聚力和组织员工的流动也会对组织绩效产生影响，团队凝聚力较强的组织往往绩效也较高，员工流动性较强的组织绩效也相对较差。①

（四）总结与思考

国外研究者对人才管理已做出多层次的研究并取得丰硕的研究成果，但存在以下几个方面的不足：一是人才管理的内涵界定模糊不清。人才管理由于提出时间相对较晚，学者们虽对人才管理从不同角度进行诠释，但是作为一个专有的学术术语，内涵尚不明确，还没有形成被学界普遍认可的统一的定义，人才管理和人力资源管理之间的区别和联系不能清晰界定，同时人才管理和传统人力资源管理之间的功能差异尚需进一步研究。二是人才管理的理论基础不明确。人才管理作为一个全新的研究领域，需要坚实的理论基础做前提，这样才能为后续的研究提供正确的方向，但从现有文献来看，没有学者为人才管理搭建相应的理论基础，对人才管理实践的研究较多，对理论基础的研究相对较少，这对后续的深入研究非常不利。三是以定性研究为主，定量研究较少。由于人才管理很难定量化，现有文献主要以定性分析为主，大多仅停留在对人才管理的规范分析层面，定量化的研究成果较少，实证研究因其较强的说服力将会给人才管理带来新的发展

---

① Boselie P., Dietz G., Boon C., "Commonalities and Contradictions in HRM and Performance Research", *Human Resource Management Journal*, Vol. 15, 2005, pp. 67-94.

空间，今后如果在定量化研究方面有所突破将会出现更为丰富的研究成果。

　　本书认为，人才管理的主要内容包括了人才的培养、人才的使用、人才的评价、人才的选拔、人才的激励、人才的流动（包括人才的引进和人才的流出）等，与人才资源管理的人力资源规划、招聘与配置、培训与开发、绩效管理、薪酬管理、劳动关系管理等六大方面的内容相比，具有综合性、高端性和创新性等特点。人力资源管理更多的是将管理的对象作为资源，按照既定的程序和规定对人进行管理，管理的方式主要是以约束、规范为主，即使是激励也是对人力资源是否按照约束和规范活动，以及活动取得的效果进行的奖励，具有被动性、机械性等不利因素。在知识经济时代，知识和科技日新月异，行业之间、国家之间的各种竞争日益激烈，企业、社会的快速发展都需要发挥人才的主动性、创新性，因此人力资源管理必须上升到人才管理。然而要在科学技术迅猛发展的当今时代立于不败之地，人才管理也必须不断发展。本书认为，必须从人才战略的高度开展人才管理，人才管理必须具有战略性，这是人才管理发展的趋势。

第五节　战略与战略管理

　　本书对于企业人才管理的研究，并不是仅仅从一般管理角度出发，而是从战略的高度进行的。这一方面说明，人才管理本身便具有高端性、综合性；另一方面也说明人才管理对于企业的发展起到了至关重要的作用。为此，我们有必要对"战略"一词进行概念分析,并在此基础上,进一步探究企业战略的概念以及企业战略管理的过程。

一 战略的概念

"战略"一词起初主要用于军事领域,是一个军事术语,源自希腊语动词 strategos,意指指导战争全局的筹划和谋略。因此,战略的本义可以理解为通过收集、分析敌我双方各方面的情报,对整个战争进行的总体部署和谋划。在 20 世纪初,"战略"术语开始进入商业领域。

在西方,在 20 世纪五六十年代,战略的概念开始应用于工商业。加拿大麦吉尔大学教授亨利·明茨伯格(H. Mintzberg,2012)归纳了战略的五种含义,合在一起即构成了战略的内容:Perspective(企业使命和远景目标)、Position(产品、市场关系,即经营领域)、Ploy(竞争优势的构建方向)、Pattern(竞争优势的构建方式)、Plan(实现目标的具体计划)。[1] 肯尼斯·安德鲁斯(Kenneth R. Andrews)认为战略是"公司能做什么"与"公司能做到什么"之间匹配,并指出战略的定义是:公司战略是指确定企业目标、目的的决策模式,它同时决定了实现这些目标的主要政策和计划。[2] 美国哈佛大学教授迈克尔·E.波特(Michael E. Porter)认为战略是创造一个具有鲜明特点的、有较高价值的定位,并且要求企业在这一原则下做好取舍,明白企业应该做什么和不应该做什么,最终这些关于企业的定位和取舍的原则,会通过一系列与之匹配的

---

[1] [加]亨利·明茨伯格:《管理工作的本质》,方海萍等译,中国人民大学出版社 2012 年版,第 115 页。

[2] 项保华、罗青军:《安德鲁斯战略思想及其扩展》,《科研管理》2002 年第 6 期。

企业活动来实现。① 被誉为"战略管理的鼻祖"的伊戈尔·H. 安索夫（H. Igor Ansoff）首次创造性地提出了公司战略、战略规划系统、战略管理等概念，并结合战略管理与混乱环境而提出了权变理论。安索夫认为，战略是用来规划和指导一个组织在发展过程中的基本决策原则和最高指导方针，是组织的产品与市场间活动的连线。②

二 企业战略的概念

本书所论述的战略主要侧重于企业方面。美国管理学家艾尔弗雷德·D. 钱德勒（Alfred D. Chandler, Jr.）是第一个把战略与企业联系到一起的学者，艾尔弗雷德·D. 钱德勒认为战略是企业长期基本目标的结果，在适应环境变化的前提下，为实现制定的目标采取的措施。③ 伊戈尔·H. 安索夫认为，作为贯穿企业经营与产品和市场的"共同经营主线"，由产品与市场范围、成长方向、竞争优势、协同作用四个要素构成，企业战略决定着企业目前和未来从事的所有经营活动的基本性质。④ 肯尼斯·安德鲁斯认为，企业战略其实应该被看成一个决策模式，基于企业当前实际的计划和方向，提出企业的发展目标，并以此来决定该企业应该从事什么业务，以及企业的组织类型，并明确针对企业员工、企业顾客和企业所面对的社会群

---

① Porter, M. E., "What is Strategy?", *Harvard Business Review*, 1996, pp. 59-79.
② ［美］伊戈尔·H. 安索夫：《战略管理》，邵冲译，机械工业出版社2010年版，第67—88页。
③ ［美］艾尔弗雷德·D. 钱德勒：《战略与结构：美国工商企业成长的若干篇章》，云南人民出版社2002年版，第10—11页。
④ H. I. Ansoff, *Corporate Strategy*, McGraw-Hill Book Company, 1965.

体，企业应该做出哪些经济与非经济的贡献。[①] 迈克尔·E. 波特融合了产业组织理论与企业战略，他认为战略是创造独特企业价值的涉及一系列不同经营的活动。[②] 加拿大麦吉尔大学的亨利·明茨伯格教授针对企业战略指出，以不同的生产方式和不同场合的生产经营活动，应给予企业战略不同的定义，人们现已广泛地接受了多样化的战略定义。亨利·明茨伯格以上述观点为基础，提出了构成企业战略的"5P"模式，即从不同角度对企业战略概念进行的解释：计划（Plan）、模式（Pattern）、计策（Ploy）、观念（Perspective）和定位（Position）。这五种规范的定义是对企业战略概念的进一步阐述。

　　虽然管理学家对企业战略没有统一的定义，但对于企业战略的某些共同特征已经在学术界达成了共识，其主要特征包括以下六个方面：长远性、风险性、全局性、指导性、竞争性、相对稳定性。根据企业战略的层次可将企业战略分为：公司层面的企业战略、职能层面的企业战略和业务层面的企业战略。公司层面的企业战略即企业经营哪些业务并如何管理好这些业务，以及做出其他重大决策。公司层面的企业战略具体包括确定企业的目标、使命、宗旨和发展规划，以及企业整体的产品和市场决策。公司层面的战略分为四个方面，分别是防御型企业战略、加强型企业战略、一体化企业战略、多元化企业战略。它由董事会设计，由最高管理层制定。业务层战略，也可以叫作竞争战略，重点关注在特定的行业、市场或产品中的竞争

[①] Kenneth R. Andrews, *The Concept of Corporate Strategy*, Richard D Irwin, 1987.
[②] Porter M. E., "What is Strategy?", *Harvard Business Review*, Vol. 74, No. 6, 1996, pp. 61-78.

力，业务层战略主要有三个方面，分别是最优供应商战略、成本领先战略和差异化战略。职能层战略，侧重于企业内部特定职能部门的运营效率，做出如何促进业务战略和公司战略实施的决策。

三 战略管理的概念

战略管理是20世纪70年代末到80年代出现于西方管理学界的一个新事物。20世纪60年代初到80年代初，在西方形成了被称为战略管理理论丛林的众多学派。1998年，亨利·明茨伯格和他的同事布鲁斯·阿尔斯特兰德、约瑟夫·兰佩尔归纳出十个具有各自鲜明学术观点的学派，即设计学派、计划学派、定位学派、企业家学派、权力学派、认识学派、学习学派、文化学派、环境学派和结构学派等十个学派。总体来说，这些学派对战略管理主要包括广义和狭义两种理解：第一种是狭义的理解，它将战略管理分解为目标制定、环境分析、战略制定、战略评价、战略实施和战略控制等若干与管理息息相关的步骤和任务，认为按部就班地落实好这些步骤和任务就是在进行有效的战略管理。持这种观点的代表人物是美国学者斯坦纳（Steiner G. A.）。他在1982年出版的《管理政策与战略》中指出：企业战略管理是根据企业外部环境和内部经营要素从而确立企业目标，并在执行过程中确保企业使命得以实现的动态过程。[1] 第二种是广义的理解，它认为战略管理是运用战略对整个企业进行战略性管理，主张将企业的日常业务决策活动同长期规划决策相结合。持这种观

---

[1] Steiner, G. A. and Miner, G. B., *Management Policy and Strategy*, New York and London: MacMillan, 1982.

点的代表人物是美国的伊戈尔·H.安索夫。他在1965年发表的《公司战略》中对公司战略的概念制定、公司战略的必要性、公司战略的构成要素以及战略选择的工具和过程等进行了系统阐述，并提出有必要建立一种进行战略规划决策的合理模型。

特别需要说明的是，在战略管理理论丛林提出到成熟的过程中，艾尔弗雷德·D.钱德勒、肯尼斯·安德鲁斯和伊戈尔·H.安索夫三位学者做出了奠基性理论贡献。艾尔弗雷德·D.钱德勒是美国著名的企业史学家，被认为是战略管理领域的奠基者之一。他在1962年发表的《战略与结构》在回答公司由职能制管理结构向多部门组织结构转变的原因和过程的问题中提出，企业所面临的机遇和挑战是促使企业的高级管理者做出变更原有组织形式的直接动因，而他们所做出的一系列相应决策就是一个战略问题。根据这一发现，艾尔弗雷德·D.钱德勒提出了结构跟随战略的命题，即企业在实行扩张战略时必然要对其组织结构进行相应的调整。肯尼斯·安德鲁斯被尊为"公司战略领域的奠基人"、"公司战略之父"，也被认为是战略管理最早的一个学派——设计学派的代表人物。他在1971年出版的《公司战略的概念》一书中首次提出了一个战略分析的框架，认为公司战略包含两部分内容：一是公司可以做的，即公司所处的外部环境提供的机遇与威胁；二是能够做的，即公司自身的优势和劣势。这种分析框架后来演变为著名的SWOT战略分析工具。伊戈尔·H.安索夫是国际公认的战略管理的"鼻祖"和"战略之父"。他最先意识到，为了更好地应对日益变化和复杂的环境，必须充分重视战略制定的重要性。

国内学者对于战略管理在企业中的定义也有一定的见解。陶声良认为企业战略管理就是根据企业战略思想，对企业所处环境进行分析，从而确定企业的目标，并且制定符合企业实际的战略，使企业达到战略目标的一系列管理决策与行动。[①] 王江等人认为企业战略管理就是企业根据组织外部环境和内部条件从而确定其使命，设立企业目标，并依靠企业资源保证企业目标的实现以及对实施过程进行控制的过程。[②] 张爱民对战略管理和企业战略管理做了区分：首先，从战略管理的角度看，战略管理概念从产生到后来的发展演变，乃至战略思想和管理思想的形成，都不局限于企业范畴，而是人类生产斗争实践和社会活动实践的必然产物。其次，虽然战略管理是在企业管理实践过程中发展出的一套管理理念和管理工具，但是战略管理理论研究涉及产业经济学、心理学、社会学、政治学、人类学、伦理学等众多学科，战略管理的外延和内涵都在迅速向社会科学的领域拓展和延伸。最后，战略管理是管理者对涉及全局性、长远性实践活动进行战略性管理的过程。[③]

四 企业战略管理的概念及其过程

（一）企业战略管理的概念

从上述伊戈尔·H.安索夫、斯坦纳等西方学者对战略管理概念内涵的界定来看，他们主要是围绕企业活动进行

---

① 陶声良：《企业战略管理》，武汉大学出版社1997年版，第1页。
② 杨锡怀、冷克平、王江：《企业战略管理理论与案例》，高等教育出版社2004年第2版。
③ 张爱民：《"战略管理"概念的演进及其实质探析》，《现代管理》2011年第4期。

表述的。但是，我们应当清晰地认识到：战略管理并不能等同于企业战略管理，更不能认为战略管理是企业组织所独有的活动。伊戈尔·H. 安索夫最初认为，企业的战略管理是指将企业的日常业务决策同长期计划决策相结合而形成的一系列经营管理业务。[①] 斯坦纳（Steiner G. A., 1982）指出，企业战略管理是根据企业外部环境和内部经营要素从而确立企业目标，并在执行过程中确保企业使命得以实现的过程，包含三个层次的含义：企业战略管理要时刻关注内外部环境，企业战略管理要以企业的使命和最终目的为中心，企业战略管理是个动态的过程。企业战略管理包括战略制定、战略实施、战略评价和控制三个阶段。[②] 弗雷德·R. 戴维提出，企业战略管理不仅涉及战略的制定和规划，还涉及在战略实行过程中的管理，是一个连续且循环的全过程管理，它包含一系列具体环节。[③]

（二）企业战略管理的过程

1. 企业战略制定

企业战略制定包括外部环境分析、内部环境分析、企业愿景、使命和目标的确立、企业战略方案的提出及企业战略选择等环节。

外部环境分析就是要找出企业面临的威胁与机会。企业面临一系列宏观大背景，包括经济发展、社会文化、政治法律、人口特征、技术进步及政府态度等都会对企业产

[①] ［美］伊戈尔·H. 安索夫：《战略管理》（珍藏版），邵冲译，机械工业出版社 2013 年版。

[②] Steiner, G. A. and Miner, G. B., *Management Policy and Strategy*, New York and London: MacMillan, 1982.

[③] ［美］弗雷德·R. 戴维：《战略管理：概念部分》，赵丹译，清华大学出版社 2013 年第 13 版。

生影响。在外部环境分析中，不仅要考虑当前的环境形势，还要从更长远的角度放眼其变化趋势。变化的需求和环境要求企业不仅能识别环境变化带来的机会，还能对可能产生的威胁提出对策。

内部环境分析就是要寻找企业的优势与劣势。企业拥有一定的资源，对这些资源的整合和利用会形成企业独有的能力。独有的能力贯穿在诸如企业管理、财务会计、生产作业、市场营销及科研开发等环节中。要识别和评价企业的优势和劣势，并制定出发挥最大优势而规避劣势的有利战略。

愿景、使命、目标的确立就是对企业的各个方面的准确定位。企业愿景规定着企业的核心概念，描绘出企业未来的发展蓝图，企业的使命则界定出企业应在哪些范围内开展业务。在愿景与使命都明确的基础上，企业需要明确发展的阶段性目标与长期目标，而长期目标是战略制定的基础。

战略方案的提出就是在全面分析企业内外环境、企业目标的基础上提出企业战略。企业战略的内容包含：开发哪些产品与服务、打算进入的目标市场、怎样进入目标市场、如何为企业的业务获取和分配资源、如何进行业务竞争、如何管理业务范围内的职能关系。企业战略选择就是指在企业制定的多个备选的方案中，对备选方案加以评价比较，衡量战略环境的适应性、战略的优越性、可行性与目标的一致性等全方位的问题。

2. 企业战略实施

企业战略实施就是将企业战略转化为行动。一个良好的战略仅是战略成功的前提，有效的企业战略实施才是企业战略目标顺利实现的保证。一般来说，企业战略实施主要围绕对谁负责实施、如何实施、具体措施三方面展开。要建立相关组织机构，对资源配置实行内部支持，充分发挥领导功能，使企业战略与组织机构、企业文化相匹配，从而激发全体企业人员的积极性，保证实现战略目标。企业战略实施需要遵循如下原则：①适度合理的原则，即战略实施过程就是战略创造过程，在不妨碍总体目标实现和战略实现的前提下，战略的部分内容与特征可以适当调整，面对各方利益冲突时也可以采用折中妥协的方式。②统一指挥的原则，即高层领导人统一领导指挥，保证资源分配、机构调整、企业文化建设、激励制度建立等有序进行。③权变的原则，即当环境发生重大变化时，需要对企业战略进行适时调整，需要做充足的替代方案应对重大变化。

3. 企业战略评价

企业战略评价就是通过评价企业的经营业绩，审视战略的科学性和有效性评价。企业战略实施效果的原因包括：①战略环境在不断发生变化，企业内部资源也在时刻发生变化，企业战略可能会出现不适应环境的情况，在必要的情况下需进行及时的调整；②对战略实施效果进行评价是战略控制的基础，没有评价就没有控制；③通过战略实施效果的评价，可以衡量企业成员的绩效，并以此进行有效激励。企业战略评价包括的基本活动：考察企业战略的内在基础，将预期结果与实际结果进行差异化比较，采取纠正措施以保证行动与计划的一致性。

企业战略管理过程如图1—1所示。

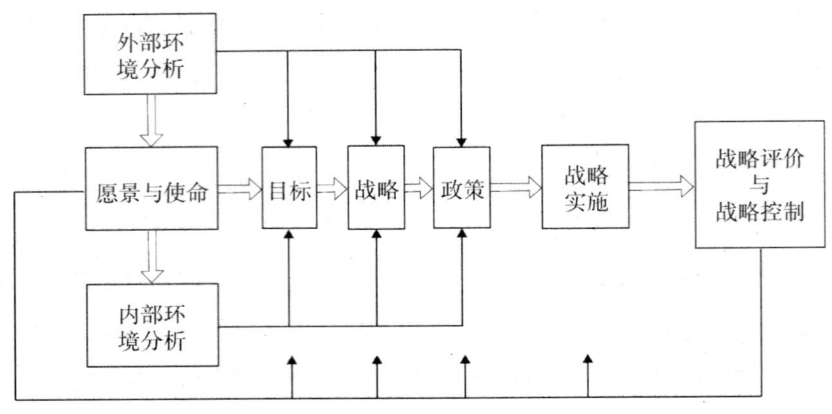

图 1—1　企业战略管理过程

第二章

相关理论概述

第一节 企业管理理论

文艺复兴以后,随着西方资本主义的发展,企业已俨然成为经济社会发展中最耀眼的一类组织。随着企业的发展,对提高企业效率的理论支持提出了新的要求,且实践中的不断总结也促进了企业管理理论的丰富和创新。

一 企业管理理论的演进逻辑

理论的发展,既有现实的总结,也有认识上的突破和创新。企业管理理论的发展和演进来源于对企业管理现实的总结和理论的不断创新(图2—1)。

从企业管理理论的演进逻辑来看,企业管理理论的演进可以从两条路径来演进。一方面,企业在经营过程中总会出现一些新问题以及一些老问题重复发生,解决这些问题事实上就是常规性决策和非常规性决策在企业中的运用,这些运用形成了较为系统的方法并固化成为企业的知识,这些知识的溢出或者传播会形成广泛的社会共识,促进企业管理理论的创新与发展,即路径1所反映的演进路

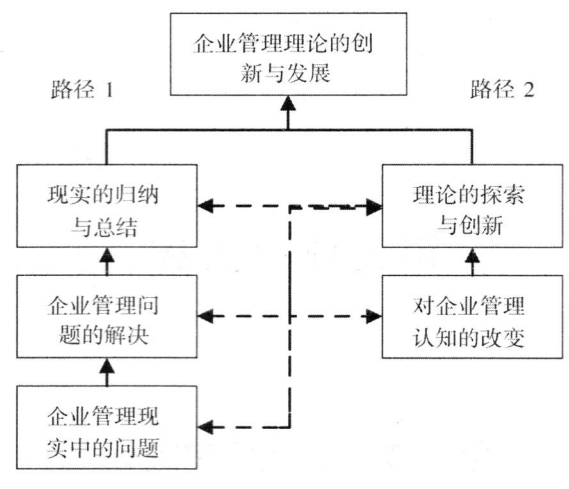

图 2—1　企业管理理论的演进逻辑

线，这一路径主要是企业管理实践者的理论创新。另一方面，随着对企业在经济和社会中重要性的逐步体现，理论研究者对于企业管理给予了更高的重视，并将企业领域的相关思想、技术、方法等与企业管理相结合，如心理学、社会学、政治学、数学、生物学、物理学等学科与企业管理理论的融合，促进了企业管理的理论创新，即路径 2 所反映的演进路径。然而，这两条路径并非独立发展的，实践中的问题和反思吸引了更多的理论研究者关注企业管理理论并给予理论学者以启示，企业管理理论的创新也为企业管理实践提供了新的思路和方法，两条路径表现出相互促进和强化的特征。

二　企业管理理论的发展历程概述

企业管理理论最早可追溯到早期的国家管理以及统治者兴建大型工程过程中的项目管理，然而，真正意义上的企业管理可追溯到亚当·斯密对劳动分工（division of labor）和工作专业化（job specialization）的论述。[①] 之后，泰勒的科学管理拉开了企业管理的革命，现代意义的企业管理理论开始进入快速发展阶段。[②] 总体来看，企业管理理论的发展可以分为三个阶段：第一个阶段是以科学管理、行政管理、组织学派等为代表的古典管理理论阶段，第二阶段是以人际关系学派和行为学派为代表的新古典管理理论阶段，第三阶段是以现代的管理科学和系统组织理论为代表的管理理论丛林阶段。

（一）古典管理理论阶段

以泰勒、吉尔布雷斯夫妇、甘特等为代表的科学管理理论，法约尔的组织管理理论和马克斯·韦伯的行政管理理论是这一阶段最为重要的管理理论。泰勒通过动作和实践研究，寻找最佳的工作方式，在他看来，管理的中心问题是提高劳动生产率，他强调和极力推行用科学化的、标准化的管理方法代替旧的经验管理，科学管理的本质是与员工达成共识。在他看来，科学管理不仅仅是一种效率和技术革命，更是一场"心理革命"，[③] 通过与员工达成共识，促进企业整体效率的改善和提高。与泰勒同时代的吉尔布雷斯夫妇和甘特，则分别在动作研究和管理工具的研究方面做出了杰出的贡献。与泰勒不同，亨利·法约尔通过在工厂的实际经验，将实践中的管理活动进行归纳总结，提出了计划、组织、指挥、协调和控制等管理的五项

---

① [英] 亚当·斯密：《国民财富的性质和原因的研究》，郭大力、王亚南译，商务印书馆1974年版，第11页。
② [美] 弗雷德里克·泰勒：《科学管理原理》，黄榛译，北京理工大学出版社2012年版，第22页。
③ 同上书，第74页。

基本职能，并归纳总结出一般管理的"十四条原则"。[①] 因此，法约尔的组织管理理论也被称为一般管理原理。与泰勒和法约尔不同，马克斯·韦伯是德国伟大的思想家，他对管理理论的贡献是理论创新的结果。马克斯·韦伯从行政管理的理论引申出企业管理过程中正式权力的重要性，在他看来，正式的组织权力是维持组织稳定性并促进组织职能发挥的根本，是企业管理中的核心工具和手段。

古典管理理论阶段，管理关注的焦点和核心是效率的改善和组织的稳定性，对标准工作方法、标准化组织、正式权力等予以高度关注，而对于企业中唯一具有主观能动性的"人"缺乏足够的关注。

(二) 新古典管理理论阶段

古典管理理论阶段对"人"的关注不足导致企业在效率改善方面陷入了瓶颈，为进一步探索提高企业效率的因素，以梅奥的"霍桑试验"为开端，掀起了新古典管理理论的革命。梅奥的霍桑试验试图寻找影响生产率的因素，通过实验组和控制组的对比，发现企业内的员工关系是影响生产率的重要因素，尤其是企业中的"非正式组织"会极大地影响员工的个别生产率和整体生产率。也正是这一试验，企业管理理论的重点开始从"物"的管理朝着"人"的管理演变。继梅奥之后，马斯洛提出需求层次理论，[②] 麦克雷戈关于人性的 X 假设和 Y 假设，促进了管理理论从"物"的关注朝着"人"的关注转变，也促进了基

---

① [法]法约尔:《工业管理与一般管理》(中译本)，周安华等译，中国社会科学出版社1982年版，第11页。

② Maslow A. H., "A Theory of Human Motivation", *Psychological Review*, Vol. 50, No. 4, 1943, p. 370.

本管理假设从"经济人"朝着"社会人"转变。与这一阶段相对应的是,人力资源管理理论也出现突破性发展,从舒尔茨系统阐释"人力资本"开始,"人"开始被视为更加重要的生产要素。[1]

(三)管理理论丛林阶段

二战以后,企业管理理论快速发展,管理理论进入"丛林"时期,[2] 各种管理思想、流派层出不穷。二战期间,运筹学的运用提高了盟军的防御水平,这一示范效应极大地刺激了其他学科和科学技术在管理理论中的运用。弗雷斯特将系统动力学引入企业管理理论中,形成管理理论的系统学派,[3] 切斯特·巴纳德进一步丰富完善了系统学派。[4] 巴纳德在《经理人员的职能》一书中对管理理论进行了较为系统的论述,并鲜明地提出了组织平衡理论,他认为一个组织要保持发展,必须保证对内平衡和对外平衡。赫伯特·西蒙基于心理学和社会学的分析,从人类的"有限理性"出发,将决策理论系统化,并认为"管理就是决策",西蒙对决策理论和管理理论最大的贡献是对"经济人最优化决策原则"的发展。他提出决策应遵循"满意原则"而非"最有原则",肯定了人的有限理性,为管理理论的进一步发展奠定了坚实的基础。[5] 卢桑斯系统

---

[1] Theodore W. Schultz, "Investment in Human Capital", *The American Economic Review*, Vol. 51, No. 3, 1961, pp. 1-17.

[2] Koontz H., "The Management Theory Jungle", *Academy of Management Journal*, Vol. 4, No. 3, 1961, pp. 174-188.

[3] Forrester J. W., "Industrial Dynamics: A Major Breakthrough for Decision Makers", *Harvard Business Review*, Vol. 36, No. 4, 1958, pp. 37-66.

[4] Barnard C. I., *The Functions of the Executive*, Harvard University Press, 1968.

[5] Simon H. A., "Theories of Decision-making in Economics and Behavioral Science", *The American Economic Review*, 1959, pp. 253-283.

地总结了权变管理理论，该理论从生态学、政治学等理论出发，认为管理者应根据组织的具体条件及其面临的外部环境，采用相应的组织结构、领导方式和管理方法，灵活地处理各项具体管理业务，这是一种动态的管理理论。[1]威廉·大内从历史分析的角度比较了日本和美国企业管理模式的特点，提出了不同文化背景下企业管理方式的特点以及实用性，进一步拓展了企业管理理论。[2]

这一阶段的管理理论出现了多学科的交叉研究、不同视角下的专门研究以及比较研究，企业管理理论朝着更加多元化的方向发展，形成"企业管理理论丛林"。从企业管理理论的发展来看，对"人"的关注和重视程度的不断提高是企业管理理论的内在逻辑，人才是企业管理的根本已得到了理论上的论证和广泛认同。

第二节 人力资源管理理论

人力资源管理是企业管理的重要构成部分，人力资源管理理论随着企业管理理论的发展不断演化与发展。

一 人力资源管理理论的演进

从人力资源管理理论的发展历程来看，早期的人力资源管理理论停留在人事管理阶段，并逐步丰富化，并朝着

---

[1] Luthans F., Stewart T. I., "A General Contingency Theory of Management", *Academy of Management Review*, Vol. 2, No. 2, 1977, pp. 181–195.
[2] [美]威廉·大内：《Z理论——美国企业怎样迎接日本的挑战》，孙耀君、王祖融译，中国社会出版社1984年版，第135页。

人力资本管理阶段的方向发展。（图2—2）

认知假设	短期策略观		长期战略观
认知假设	工具观	资源观	资本观
价值假设	成本观	财产观	资本观
理论演进	人事管理阶段	人力资源管理阶段	人力资本管理阶段

图2—2 人力资源管理理论的演进

人力资源管理理论的演进，外在表现为人力资源管理内容的不断丰富，但本质上是对人的认知的改变以及对人的价值不断认可的过程。人力资源管理内涵发生了根本性的变化，对人的认知价值经历了从"工具观"到"资源观"再到"资本观"的变化，对企业员工的价值认知经历了从"成本观"到"财产观"再到"资本观"的变化，人力资源管理从一种战术性管理工作发展成为战略性管理工作。

（一）人事管理阶段

第一次工业革命的专业化分工促进了企业规模的快速增长，也带来企业内部关于人的一系列问题，对这些问题的解决促进了现代人事管理理论的发展。泰勒主张雇主与雇员合作，他认为科学管理的本质是"心理革命"[1]，强调相互之间承担责任，促进企业效率的改善进而创造更多可以共享的盈余。科学管理阶段人事管理理论的发展主要是

---

[1] ［美］丹尼尔·A. 雷恩：《管理思想史》，孙健敏等译，中国人民大学出版社2009年第5版，第166—168页。

从社会福音派中发展出来的，企业在处理员工申诉、管理车间的病房号、提供娱乐活动和教育、为不满意的工人调整工作、管理膳食设施、设计营养菜谱、关注单身女工的品行等方面开展了一系列工作。[1] 从"霍桑试验"对人际关系的研究以及玛丽·福莱特的"群体原则"更加关注对企业内群体关系的改善，"霍桑试验"发现了良好的人际关系（包括雇员之间以及雇员与管理者之间）有利于企业产出的改善，福莱特提出通过"整合"协调雇员和雇主利益的方式，并将这一概念扩展到公司与外部环境中，如债权人、股东、客户、竞争者、供应商及社区。[2]

这一阶段的人事管理工作主要着眼于对员工工作环境的改善、对员工间冲突以及员工基本福利的关注，人力资源管理工作还停留在对人作为企业生产中的"工具要素"的"成本控制"，人的内在价值尚未得到有效关注。

（二）人力资源管理阶段

两次工业革命促进了社会物质资本的快速增长，资本相对于劳动的稀缺性降低，劳动的市场地位得到了有效的改善和提高。与此同时，企业管理理论的演变对人予以更多的关注，原有的"工具人"、"经济人"假设得以发展，员工作为"社会人"假设得到了广泛认可。这些都促进了企业人事管理工作的不断丰富和改善，人事管理阶段发展到人力资源管理阶段。

彼得·德鲁克首先提出了"人力资源"的概念，德鲁克提出了管理的三个更广泛的职能：管理企业、管理经理

---

[1] ［美］丹尼尔·A. 雷恩：《管理思想史》，孙健敏等译，中国人民大学出版社2009年第5版，第213—214页。

[2] 同上书，第351—352页。

人员以及管理员工和他们的工作。他指出,"和其他所有资源相比较而言,唯一的区别就是它是人",并且是经理们必须考虑的具有"特殊资产"的资源。[1] 德鲁克认为人力资源拥有当前其他资源所没有的素质,即协调能力、融合能力、判断力和想象力。经理们可以利用其他资源,但是人力资源只能自我利用,"人对自己是否工作绝对拥有完全的自主权"[2]。

在企业管理理论的发展过程中,随着古典管理理论向新古典管理理论发展,管理中对人的认识不断升华。亚伯拉罕·哈罗德·马斯洛的需求层次理论[3]、麦克雷戈的"X理论—Y理论"等,促进了企业管理从物的关注到人的关注的发展。这一阶段对人的价值认识发生了巨大的变化,人可以作为企业生产的资源要素发挥作用,但这一关注点往往强调员工作为企业当前的生产要素来予以考虑的,人力资源的战略性地位尚未得到有效的关注。

(三)人力资本管理阶段

随着人力资源对企业发展的价值得到不断的认可,员工从短期的资源属性朝着战略性的资本属性转变,人力资源管理理论进入"人力资本管理理论"阶段。

从舒尔茨(Schultz,1961)系统地阐释"人力资本"开始[4],贝克、丹尼逊、明瑟尔、罗森(Backer、Denision、Mincer、Rosen)等都对人力资本理论进行了阐述。然而,

---

[1] Drucker, *The Practice of Management*, New York: Harper, 1954.
[2] 转引自李佑颐、赵曙明、刘洪《人力资源管理研究述评》,《南京大学学报》2001 年第 4 期。
[3] Maslow A. H., "A Theory of Human Motivation", *Psychological Review*, Vol. 50, No. 4, 1943, p. 370.
[4] Theodore W. Schultz, "Investment in Human Capital", *The American Economic Review*, Vol. 51, No. 3, 1961, pp. 1–17.

由于人力资本作为资本本身的整体性,人力资本主要体现在一种认识上的变化,在企业管理中的运用尚受到理论方面的限制。

在当前背景下,人力资源的管理从外部管理逐步发展到自我管理阶段,人力资源管理工作从企业的管理活动朝着员工自我管理发展,企业对员工的激励从外在的物质激励和非物质激励逐步朝着员工自身内在的成长激励发展,人力资本的独立性改善,在与物质资本合作与竞争时居于更加重要的地位。

二 人力资源管理理论的主要内容

人力资源管理理论在企业中的运用主要是一种过程管理,即对人力资源管理各个环节和内容的管理,形成人力资源管理的理论体系。从人力资源管理的过程来看,企业战略指引下的人力资源管理目标是基础,指引着企业人力资源管理活动的开展,并可以分解成人力资源分析、人员招聘与甄选、人员安置、培训、绩效评估、薪酬管理、晋升及异动管理、职业生涯规划等具体活动。

(一) 人力资源管理战略的制定与选择

企业的人力资源管理活动需要服从于企业的整体战略,并在整体战略的指引下制定恰当的人力资源管理战略。扩张性的企业战略要求高度灵活和增长型的人力资源管理战略,稳定型和收缩型的企业战略要求辅之以稳健型和效率型的人力资源管理战略,成本领先战略需要辅之以效率型的人力资源管理战略,差异化战略和集中化战略需要辅之以质量型的人力资源管理战略。企业的人力资源管理工作需要紧密结合企业发展的内外环境,根据企业整体战略目标，制定服务于整体战略目标的人力资源管理战略。

(二) 人力资源分析

在人力资源战略确定以后，企业需要对人力资源进行内外部分析。内部分析主要是分析企业内人力资源的数量、质量、结构以及实际需求情况，外部分析主要是对外部人力资源市场供给情况以及现有人力资源雇佣单位的人力资源政策进行分析。通过内外部分析，可以明确企业内部的人力资源存在的问题以及人力资源的实际需求，并可以指定竞争性的人力资源政策获取企业实际所需的人力资源。

(三) 人员招聘、甄选与安置

人员招聘是人力资源管理的入口环节，是保证企业人力资源配置的起点。可以根据不同的分类方式，从招聘来源角度可以将招聘分为内部招聘和外部招聘，从招聘手段或者方式角度可以分为网络招聘、社会招聘、高校招聘等，从招聘对象来看可以分为一般人员招聘和特殊人员的聘请，等等。招聘主要是根据企业的实际人员需求，获取候选人并对候选人进行分析、评估和甄选的过程。

在人员招聘和筛选之后，仅需要对新聘任的员工进行安置。通常来看，员工的安置是根据招聘之前的企业内部需求以及招聘计划来予以分配的，但对于一些关注于人力资源储备和战略投资的企业，实际的人力资源数量和质量是高于现有企业的实际需求的，人员的安置则会偏好于朝着未来支撑企业进一步发展的部门或者岗位。

(四) 绩效评估、薪酬管理与晋升

绩效评估是人力资源管理的核心工作，也是薪酬管理和员工晋升的直接依据。随着人力资源管理理论的发展与创新，绩效评估工作也不断发展，从传统的定性评估朝着定量与定性相结合的方向发展，从传统的上级评估朝着360度绩效考核方向发展，从单一的结果绩效评估朝着全过程评估的方向发展，从针对个人的绩效评估朝着针对全员绩效和团队绩效评估的方向发展。

在效率导向的市场经济背景下，绩效是员工薪酬发放的依据，也是员工晋升的依据。一般来说，员工的薪酬由不变薪酬和可变薪酬构成，其中的可变薪酬主要取决于员工的个人或者团队绩效。绩效也是员工能力的指示器，绩效的高低是企业员工晋升过程的重要参考依据。当然，绩效也是企业人员退出的重要参考，为企业人才的流动性和有效性提供了依据。

（五）培训和开发

为促进企业战略目标的实现，保证企业员工的能力和素质能够满足企业发展的需求，需要对员工开展多种类型的培训活动，如入职前的岗前培训、工作期间的在职或者脱产培训、出于特定目标的专题培训等，提高员工的知识和技能，改善员工的工作态度，激发员工的创新意识，并实现对员工个人潜能的开发。

（六）职业生涯规划

为了促进员工的成长以及个人成长与企业成长的一致性，人力资源管理需要重视员工的职业生涯规划。员工职业生涯规划是根据员工的个人特质以及企业的发展战略目标，为员工个人发展和企业发展设定系统的、动态的发展规划。

第三节 战略管理理论

一 企业战略管理理论的主要观点

钱德勒首次提出"环境—战略—组织结构"之间的关系,并构建了战略管理理论中"战略适应环境,结构追随战略"的基本研究范式。[①] 自此,企业战略管理理论成为现代企业管理理论中的重要研究内容,企业战略管理理论的主要观点主要有规划论、适应论、竞争优势论、资源和能力基础论。

(一) 战略规划学派

肯尼斯·安德鲁斯认为战略可分为制定和实施两个阶段,制定战略就是围绕发展核心能力,在内外部进行平衡,实现匹配的过程,充分考虑了企业的内外部环境对制定战略的影响,并且引进独特竞争力的概念,提出了战略制定的 SWOT 分析框架。[②] 安索夫认为,战略构造应是一个有控制、有意识的公式计划过程;企业的高层管理者负责计划的全过程,而具体制订和实施计划的人员必须对高层管理者负责,通过目标项目预算分解未实施制订的战略计划。[③]

[①] Chandler A. D., *Strategy and Structure*: *Chapters in the History of the American Enterprise*, Massachusetts Institute of Technology Cambridge, 1962.

[②] Andrews, K., *The Concepts of Corporate Strategy*, Homewood, IL: Dow Jones-Irwin, 1971.

[③] [美]伊戈尔·H. 安索夫:《战略管理》(珍藏版),邵冲译,机械工业出版社2013年版。

(二) 环境适应学派

詹姆斯·奎因 (James Quine) 提出了"逻辑改良"的战略思想，在他看来，受战略决策者的非理性认识局限以及环境不可预测性的制约，战略的制定过程必须以一种渐进的、不断适应的过程来完成。[①] 延续小钱德勒的战略适应环境的思想，该理论学派的主要观点是企业和环境是相互影响，相互交融的，环境在战略的形成过程中起到了重要的决定作用，适应环境是企业战略关注的焦点，并对企业的生存和发展起着重要的影响作用，同时认为外部的环境是不断变化的，企业要根据外部环境的不断变化来调整企业的战略。[②]

(三) 动态战略管理理论

迈克尔·波特从产业竞争的角度出发，提出以产业结构分析为基础的竞争战略研究理论。[③] 波特认为企业赢利能力取决于其选择的何种竞争战略，而获取竞争优势的因素有两个：一是企业所处行业的赢利能力，即行业的吸引力；二是行业内的相对竞争地位，并依此提出了企业在不同产业中业务领域选择的基本模型。为分析企业在产业中的地位，波特还提出了著名的竞争力模型理论，即一个产业的竞争状况要取决于五种基本力量：新进入者的威胁、顾客讨价还价能力、供应商讨价还价能力、替代品的威胁和本产业中现存企业之间竞争的激烈程度，在此基础上提

[①] [美] 詹姆斯·奎因：《企业应付变化的战略：逻辑渐进主义法》，陈体芳译，世界图书出版公司1987年版。

[②] 李桓、陈浩然：《战略管理研究现状与未来我国研究重要领域》，《管理工程学报》2007年第1期。

[③] Porter M. E., *Competitive Advantage: Creating and Sustaining Superior Performance*, Simon and Schuster, 2008.

出了三种基本竞争战略：成本领先战略、差异化战略和集中化战略。①

(四) 资源和核心能力理论

基于企业投入的视角，一些学者认为资本以及基于资源投入基础上的能力是企业选择战略并保证战略实施的基础。

巴尼（Barney，1997）提出具有创造持续竞争优势潜力的企业资源的基本评判标准，即价值性、稀缺性、不具模仿性和不可替代性。成功企业拥有不同的资源组合，企业必须采用不同的战略来适应不同的资源组合，而采用不同的战略又会促使企业产生不同的绩效，在某种程度上当企业拥有的资源是高成本的而又无法模仿时，与之相关的资金流便是持续的。②

对企业竞争起决定作用的资源一般是在企业内部积累和形成的，并且通常是无法交易的，这种组织在长期学习过程中获得的独特的、难以模仿的能力是竞争优势的来源，由此产生了"能力基础观"的战略理论。普拉哈拉德和哈默提出了核心能力理论，指出一个企业如果可以获得超出市场平均水平的利润，是由于该企业能够比竞争者更好地掌握和利用自身的某些核心能力。③ 基于动态的能力观，蒂斯、皮萨诺和谢恩提出"动态能力"，他们认为组织资源的相对卓越性和不可模仿性并不完全合理，而且从规范观点的角度看，企业面对不断变化的市场环境，必须

---

① [美] 迈克尔·波特：《竞争战略》，陈小悦译，华夏出版社 2005 年版。
② Barney J. B., *Gaining and Sustaining Competitive Advantage*, Pearson Education, 2002.
③ [美] 哈默、普拉哈拉德：《竞争大未来——企业发展战略》，王振西译，昆仑出版社 1998 年版，第 4 页。

持续积累新知识、发展新能力,使其自身时刻处于致力于建立动态能力的状态下。① 动态能力观中的能力不同于核心竞争能力观点中的核心竞争能力,动态能力是指组织为了适应环境的时刻变化,整合、建立及重构组织内部、外部竞争能力的能力。动态能力理论着重强调了两个方面:第一,"动态"是指企业必须具有不断更新自身竞争能力以与环境变化相一致的能力;第二,"能力"是指战略管理在为满足环境变化的要求而整合、重构内外部组织技能、资源和功能性能力过程中的关键作用。②

(五)合作竞争战略管理理论

美国学者詹姆斯·弗·穆尔在《竞争的衰亡》一书中提出战略生态理论。他提出了全新的竞争战略形态——商业生态系统,打破了传统的以行业划分为前提的战略理论的限制,阐述了企业应在一个丰富而利益相关的动态系统中出现共同进化的思想。③

20世纪90年代战略管理研究出现了新的转折点,研究重点从传统竞争转向互惠合作,战略焦点转向企业间各种形式的联合,强调竞争合作,提出了战略联盟思想。战略联盟的理念最早是由美国DEC公司总裁简·霍普兰德和管理学家罗杰·奈格尔提出的。随着世界范围内竞争的激烈程度加剧,战略联盟组织形式不断涌现,企业在竞争的同时也更加注重合作。在这些全新的战略模式下,企业战略的制定是着眼于发展新的循环、创造新价值以代替狭隘

---

① Teece, D. J. and Pison, G. and Shuen, "A Dynamic Capabilities and Strategic Management", *Strategic Management Journal*, 1997.
② 王伟光、唐晓华:《现代战略管理》,经济管理出版社2006年版,第21页。
③ [美]詹姆斯·弗·穆尔:《竞争的衰亡——商业生态系统时代的领导与战略》,梁骏等译,北京出版社1999年版,第102页。

的以行业为基础的战略设计，即战略管理理论应建立于互惠共存而不是对抗竞争的基础之上。①

二　战略管理理论的发展趋势

伴随着经济全球化的发展，企业生产活动日益全球化，与世界其他的企业联系日益密切。并且随着科学技术的日益发展，互联网技术逐渐成熟，大大缩短了人与人之间的距离，沟通时间门槛降低。这些变化使得企业面临的环境更加复杂，战略管理也有着新的发展趋势。

战略管理理论为了适应环境的变化性，呈现出以下两种变动趋势：一是环境方面的动态化。主要是指企业所处的外部环境随着市场竞争、产业结构在形式、内容上所表现出来的复杂多变的状态。二是内容方面的动态化。即更注重企业愿景、战略、组织能力和内部系统等不同内容之间的相互联系和动态适应。

战略管理理论研究呈现以下趋势：一是战略柔性化。目前环境变化日益加速，要对环境进行中长期的预测几乎是不可能实现的，战略的实践发展越来越注重战略的适用性。二是战略集群化。在经济全球化和信息技术发展的时代，任何企业都不可能单独参与竞争，在未来，企业的竞争是不同商业部落之间的竞争。② 因此，未来战略管理理论将着重研究如何提升集群或商圈的声誉和品牌、如何在全球范围内通过更有效的途径获取资源，从而降低企业间

---

① 汪涛、万健坚：《西方战略管理理论的发展历程、演进规律及未来趋势》，《外国经济管理》2002年第3期。

② ［美］詹姆斯·弗·穆尔：《竞争的衰亡——商业生态系统时代的领导与战略》，梁骏等译，北京出版社1999年版，第112—130页。

的交易费用，提升企业集群或商圈的竞争力，同时保持自身行动的灵活性，维持企业自身竞争优势。三是战略整合化。战略的整合化又体现在三个方面：理论学派的整合、理论各组成要素的整合、战略研究方法的整合。四是战略本土化。战略管理理论主要发源于西方，与中国的企业经济环境有一定的不同，我国未来战略管理的发展趋势是战略理论研究在中国特色环境背景下如何较好地实现本土化以及本土企业对战略管理理论的学习和吸收。

第四节 企业创新管理理论

一 企业创新理论

企业创新理论最早由经济学家熊彼特（Joseph Alois Schumpeter）提出，他第一次把创新（Innovation）的概念用于经济学诠释，并被很多经济学家认可和使用。熊彼特把创新的内涵解释为"为企业的生产过程构建适合工艺流程的新的生产函数或供应函数，在生产过程中引入其他生产要素以提高生产效率"[1]。这一概念把创新界定为经济学的概念，涵盖的范围较为广泛，主要包括以下几个方面的内容：新产品生产、新工艺使用、供应材料的新来源控制、新市场开发和组织结构变革，涉及企业采购、生产、销售、管理等一系列内容。学者们在熊彼特创新理论的基础上进行了更为深入的研究和扩展，其中具有代表性的主要有技术创新理论和制度创新理论，技术创新理论主要以

---

[1] ［美］约瑟夫·熊彼特：《经济发展理论》，何畏等译，商务印书馆1990年版，第156—169页。

产品的生产工艺为研究对象，制度创新理论则从企业组织结构和管理规章等方面进行研究。

二 技术创新理论

技术创新理论是基于熊彼特创新理论进行的研究拓展。很多学者对技术创新进行定义，其中有代表性的如索洛、伊诺思等。[①] 索洛在其著作《在资本化过程中的创新：对熊彼特理论的评论》中对创新做出比较精确的定义，该定义具有里程碑意义。他把创新概括为"两步论"，即第一步为新思想的萌发，第二步为新思想的实现。伊诺思则首次从行为集合的角度对创新进行界定，在其著作《石油加工业中的发明与创新》中把技术创新看成多种因素综合作用的结果，主要包括企业资金的充裕性、组织结构的完善性、实施计划的完备性、市场的广阔性等。傅家骥则从更为广泛的意义上对创新进行分析，他以企业的利润最大化目标为前提，认为创新是企业抓住市场机会，通过重新组织现有生产要素改善生产经营系统，获取最大化利润的过程。[②] 很多学者对创新进行定义，但到目前为止还没有形成能为学者们所普遍认可的统一的关于创新的定义。

曼斯菲尔德基于技术创新理论对创新源进行研究，认为企业创新能力大小和企业的规模没有直接的关系，通过对 20 世纪重要创新进行统计研究，发现绝大多数技术创新来源于中小企业。[③] 熊彼特创新理论把企业创新的动力

[①] ［美］戴维斯、诺斯：《制度变迁和美国经济增长》，英国剑桥大学出版社 1971 年版，第 202—226 页。

[②] 傅家骥：《技术创新学》，清华大学出版社 1998 年版，第 77—80 页。

[③] ［美］彼得·德鲁克等：《知识管理》，中国人民大学出版社、哈佛商学院出版社 1999 年版，第 145—160 页。

归因于创新所能带来的利润,也有些学者认为企业的创新来源于企业内部技术的推动,市场需求对企业技术创新的推动作用很大。完全竞争的市场结构所产生的活力较大,对企业技术创新的推动作用要比垄断市场高很多。这里的完全竞争市场包括产品的差异情况、市场竞争状况、市场进入门槛及企业规模大小等,它们都是影响企业技术创新的重要因素。技术创新后需要进行推广才能把利润空间扩大,这一过程可能会带来其他企业的模仿,客观上使其他企业也得到技术创新的利益,因此技术创新利润也包含创新的溢出效应。

三 制度创新理论

熊彼特对制度创新也有较为深入的研究,戴维斯和诺斯对熊彼特的制度创新进行了更为深入的探讨,对制度创新出现的原因、制度创新对企业发展的作用、制度创新与企业利润之间的关系进行剖析,进一步拓展了熊彼特创新理论。[①] 通过制度变革修正现行的规章制度,对管理流程进行优化减少管理成本以提高企业效益,这是制度创新的关键所在。企业应该根据生产力的发展和现实情况的变化不断进行制度变革,主要包括以下几个方面:产权制度变革、企业治理制度变化、生产经营制度变革等。市场竞争环境的变化和生产技术的发展能够促进制度变革,政府在制度变革中应该担任重要角色。从狭义上理解制度创新主要指组织创新,通过企业产权制度变革来实现。从广义上理解制度创新所包括的内容很丰富。企业根据外部环境的

[①] [美] 戴维斯、诺斯:《制度变革和美国经济增长》,英国剑桥大学出版社1971年版,第231—240页。

变化及时进行制度变革主动适应发展变化了的环境，通过制度再造对现有企业的工作流程进行简化和改进，引入新的制度来代替原有制度，对企业现有的人才、资本和其他生产要素进行整合，使用新的管理观念、管理模式和管理方法以提高企业的生产效率和经营绩效。管理创新是一个动态发展的过程，现在看来很好的管理制度在以后的几年不一定适合企业的发展，要想使企业保持长期的发展潜力必须不断进行管理制度创新。

第三章

企业人才管理的本质分析

第一节　企业人才的内涵分析

21世纪是知识和科技迅猛发展的世纪，企业的核心竞争力在于知识与科技的不断进步。而人才是所有知识和科技发展的载体，因此人才也就必然成为企业乃至整个经济社会快速成长、不断发展的核心动力。在这一背景下，人才竞争成为企业间竞争的最重要组成部分，企业一旦比其他企业获得了更重要的人才，就意味着企业可能获得新的、更大的竞争优势，甚至能够成为企业战略目标最终实现的关键因素。可见，吸引建立一支与企业发展相适应的人才队伍是企业发展的不竭资源、稀缺资源和宝贵资源。那么作为企业发展不竭资源、稀缺资源和宝贵资源的企业人才到底是什么样的？有何特点？

一　企业人才的概念

企业作为一种组织，是由人组成的，企业为了自身的发展，肯定要招收使用各式各样的人员，这些人员统统属于企业的人力资源，但是并不是所有人都是企业人才。如前文所述，企业人才与其他企业人力资源具有内在一致性，即企业人才与其他企业人力资源一样都是企业所拥有的一种可以不断开发并使其不断增值的无形资源，是在生产诸要素中最为活跃的要素，指的是被企业挖掘并加以聘用的各类人员，具有增量性、无限性，这决定了企业人才与其他企业人力资源都是企业宝贵的资源。但是并不是所有的企业人力资源都是企业人才。

现在的企业人才的概念都比较宽泛，缺乏清晰的概念边界。徐尚志、游达明指出，企业人才从需求上大约能够划分为三大类：第一大类是科学研究型人才，这一类型人才具备扎实的专业知识与技能，积累了丰富的实践经验，他们是擅长抽象思维、推理判断的高级人才，如研发人员；第二大类是管理型人才，他们擅长组织、领导、处理组织间各种错综复杂的关系，如各部门管理者；第三大类是操作型人才，他们在生产一线从事劳动技术含量低的工作，不需要专门储备人才或者进行专门的技能训练，擅长通过不同的工具动手解决实际问题。[①] 除此之外，企业中还有更加优秀的复合型人才。

本书认为，企业人才一定是企业人才资源中那些具有创新性、战略性能力，为企业发展做出重大贡献的人。具体而言，企业人才应该是对企业具有较高忠诚度和较强的团队合作意识，能较好地协调好发展个人事业与实现组织目标，在企业整体运作的关键环节中起着非常重要的作用，有能力胜任不可代替性工作的人。企业人才在各自专业领域中能够创造性解决企业发展过程中遇到的各种新问

[①] 徐尚志、游达明：《国有企业技术人才逆向选择行为分析》，《硬质合金》2001年第4期。

题、新情况,并具有战略性眼光,能对企业未来发展提出有见地、有远见的方案和意见。总之,企业人才是为企业发展做出贡献的优秀人才,通过企业人才的共同努力,能够确保企业在市场经济活动中有效运作,并不断发展壮大。因此,企业在发展与进步的过程中对人才的依赖性日益提高,引进、培养和管理优秀人才对企业来说有十分重要的意义。

二 企业人才的特征

为了全面了解企业人才,除了认识企业人才的概念,分析企业人才的内涵、外延外,还要进一步了解企业人才的特征。对企业人才的特征,要从个体特征和组织特征两个层面进行分析。

(一)企业人才的个体特征

就企业人才的个体特征来看,与一般的企业人力资源相比,企业人才具有创新性、主动性和战略性等特征。

首先,企业人才具有创新性的特征。具有较强的创新能力是人才的本质特征,创新是人才不断进步、不断发展的不竭源泉,企业人才也不例外。企业人才的创新性是指,与一般的企业人员按照已有的规则按部就班地做好本职工作相比,企业人才要处理的问题,没有现成的规则可以遵守,也很少有现成的案例用来参考,他们必须运用自己的知识和技能,创造性地提出解决问题的方案,这也是企业人才最本质的特点。

其次,企业人才具有主动性的特征。积极主动发挥自己的才能也是人才的主要特征之一,是金子总会发光,是人才无论在何种境地和环境下,总是会主动寻找机会、创造条件发挥自己的作用,展示自己的价值。企业人才不能仅仅满足于完成上级领导交代的有关任务，或者仅仅完成岗位职责所要求的分内的事情；而是要针对自己负责的事项主动加以研究，积极发挥主观能动性，运用更合理、更有效的方法去完成任务，并且能够做到举一反三、触类旁通。从这个意义上讲，企业人才是最具有成长潜力的企业人力资源，是企业真正无限的资源。

最后，企业人才具有战略性的特征。战略性包含了长远性、风险性、全局性、指导性、竞争性、相对稳定性等诸多特质。企业人才在做具体工作的时候，要有战略眼光，要有大局意识、风险意识、长远意识、竞争意识和稳定意识等，不能"头痛医头，脚痛医脚"，也不能犯朝令夕改、抱残守缺、故步自封、鼠目寸光等战略性的错误，要把具体工作与企业发展的全局甚至是经济社会发展的全局联系起来，要善于吸取过去工作的经验教训，要善于把握未来工作的趋势要求，去做好现有工作。可见，战略性是企业人才未来发展的趋势。

（二）企业人才的组织特征

就企业人才的组织特征来看，企业人才具有层次性、多样性和组合性等三个特征。

首先，企业人才具有层次性的特征。按企业人才的分类得知企业既有统揽全局的高层决策者，进行决策指挥的高级管理者；又有负责进行辅助决策层、高级管理层，提供参谋，向下级传达上级的意愿并监督执行的中层管理者；同时还有开展具体执行活动的基层操作者。每个层次的人才都在企业中发挥着不同的作用，都是不可或缺的。企业各类人才相互配合，共同努力，才能维持企业的正常运营，使企业不断发展壮大。因此，企业发展首先必须拥有一支各层次配置优化的人才队伍。

其次，企业人才具有多样性的特征。现代企业要健康快速发展，在激烈的市场竞争中保持不败之地，除了拥有一支规模庞大的人才队伍之外，人才本身还要具有多样性，以分别适应不同的岗位的要求。例如，既要有专业技能较强的技术型人才，同时也要有高瞻远瞩对市场信息敏锐的企业型人才，还要有擅长管理不同规模部门的管理型人才，也必须有位于生产一线的操作型人才和善于市场营销的销售型人才，等等。因此，企业人才应该有科学的比例、数量及规模。

最后，企业人才具有组合性的特征。企业是多种人才结合起来的组织，因此，企业人才首先是一个整体，应该注重企业人才是否能够有机地组合起来，能够协调配合起来，发挥出整体的力量。企业人才是各个不同的、各有特点的具体的人才，因此，也应该重视企业人才的层次结构，包括他们的年龄、性别和身体状况等先天的差异性，以及他们的学历、智能和技能等后天能力上的差异性；同时还应关注企业人才对于岗位的适应性、对于企业文化的认可度方面的差异性。促进企业健康快速发展并不是仅仅依靠单一的某一类人才就能完成的，必须求得各层次、各类人才的最佳组合，并且通过有效的管理发挥组合效应，才能最大限度提升企业的经济效益。

第二节　企业人才管理的内涵分析

充分认识企业人才的概念和特点是为了更好地进行企

业人才管理，在 21 世纪知识经济迅猛发展、国际竞争日趋激烈的大背景下，如何对人才进行管理？企业人才管理的内容是什么？原则是怎样的？有什么管理模式？本质是什么？发展趋势是什么？这些都是需要认真思考、逐一明确的。

一　我国企业人才管理的产生

企业人才管理是随着企业人事人才改革而产生发展的。在我国，企业人事人才改革是与经济体制改革相伴而行的。改革开放以来，随着市场经济体制的建立与完善，我国传统的企业人事制度也开始出现新的变化。在 20 世纪七八十年代，我国企业人事制度改革主要是围绕着政企分开、扩大企业用人自主权开展的。例如，1979 年 7 月 13 日，国务院颁布《关于扩大国营工业企业经营管理自主权的若干规定》明确规定："企业在定员、定额内，有权根据精简和提高效率的原则，按照实际需要，决定自己的机构设置，任免中层和中层以下的干部。机构设置不必与上级主管部门对口。"这一规定为企业人事制度改革奠定了法律基础。

党的十二届三中全会到十三大之前，中央改革了国有企业的领导体制，在改变了党委领导下的厂长（经理）负责制的同时，确立了厂长（经理）在企业中的中心地位，理顺了国有企业中的党政关系。党的十三大到党的十四届三中全会期间，主要是围绕落实企业法，把竞争机制引入企业人事管理，采用多种形式任用企业管理人员，对从工人中选拔的干部全面推行聘用制度。[①]

1993年11月14日,党的十四届三中全会通过了《中共中央关于建立社会主义市场经济体制若干问题的决定》,提出:"转换国有企业经营机制,建立现代企业制度,建立科学的企业领导体制和组织管理制度,调节所有者、经营者和职工之间的关系,形成激励和约束相结合的经营机制。"

1994年7月5日,第八届全国人民代表大会常务委员会第八次会议通过《中华人民共和国劳动法》,该法明确了劳动合同制作为我国企业用工的基本制度,"劳动合同是劳动者与用人单位确立劳动关系、明确双方权利和义务的协议"。这表明我国企业人事人才制度走上法制化轨道。

1999年9月22日,中国共产党第十五届中央委员会第四次全体会议通过《中共中央关于国有企业改革和发展若干重大问题的决定》,对国有企业人事管理进行了深入改革,提出建设高素质的经营管理者队伍,坚持党管干部原则,改进管理方法。具体包括以下几点:一是要按照企业的特点建立对经营管理者培养、选拔、管理、考核、监督的办法,并逐步实现制度化、规范化。二是积极探索适应现代企业制度要求的选人用人新机制,把组织考核推荐和引入市场机制、公开向社会招聘结合起来,把党管干部原则和董事会依法选择经营管理者以及经营管理者依法行使用人权结合起来。三是按照公开、平等、竞争、择优原则,优化人才资源配置,打破人才部门所有、条块分割,促进人才合理流动。四是采取多种形式加强教育培训,全

[①] 吴德贵主编:《人事管理制度改革与创新》,党建读物出版社2008年版,第90页。

面提高经营管理者素质,营造经营管理者和企业家队伍健康成长的社会环境。五是建立和健全国有企业经营管理者的激励和约束机制。实行经营管理者收入与企业的经营业绩挂钩。把物质鼓励同精神鼓励结合起来。六是加强对企业及经营管理者在资金运作、生产经营、收入分配、用人决策和廉洁自律等重大问题上的监督。建立企业经营业绩考核制度和决策失误追究制度,实行企业领导人员任期经济责任审计,凡是由于违法违规等人为因素给企业造成重大损失的,要依法追究其责任,并不得继续担任或易地担任领导职务。这些规定实际上为我国国有企业从人事管理提升到企业人力资源管理铺平了道路。

从20世纪90年代开始,我国企业开始了现代人力资源管理理论的研究与实践。同其他企业管理领域一样,这些年来主要是引进、借鉴国外先进的管理理论和经验,在人力资源管理和理论研究上并无大的突破,尚未形成有影响力的管理和理论体系。主要侧重国外先进管理理论如何与我国企业实际情况相结合而形成逐步改革企业人力资源管理状况的研究与实践,在许多方面对理论的探讨与实践尚显不足。[1]

正是由于一味地介绍国外的人力资源管理理论,缺乏对我国企业发展现实的考量和照顾,因此,我国现代企业人力资源管理的发展一直比较缓慢,根本无法与我国迅猛发展的经济社会形势,以及企业发展进步的要求相适应。人力资源管理作为"异域之花",其应有的作用并没有在国内的企业管理中发挥出来。同时,人力资源自身也存在

---

[1] 吴德贵主编:《人事管理制度改革与创新》,党建读物出版社2008年版,第91页。

一定的局限性。例如，人力资源理论把企业员工当成"资源"而不是"人才"，把人力资源看成是企业发展的助推器而不是动力源泉。人力资源理论自身的发展也是有限的。因此，企业人才管理应运而生。

如前文所述，我国自古以来就非常注重人才管理，形成了一套独具特色的人才管理体系。改革开放以来，国内学者对于人才管理的关注和研究比较多，直至今日人才管理仍是国内学者研究的热点问题。因此，在我国企业推行发展人才管理是有深厚的原生土壤的，是有丰富的历史经验可以借鉴的，不仅能够克服人力资源管理自身的弊端，还极有可能产生我国企业管理的原创性理论和实践成果，保障我国企业在 21 世纪的激烈国际竞争中立于不败之地。

企业人才管理要摒弃传统而封闭的人事管理理念，坚持以人才为本的原则，对于员工在企业中发挥的作用要高度重视，视之为决定企业快速发展的最重要因素，对企业里的所有员工给予充分尊重，为企业里的所有员工创造良好的工作和管理环境。[①] 如前文所述，人才管理的主要内容包括人才的培养、人才的使用、人才的评价、人才的选拔、人才的激励、人才的流动（包括人才的引进和人才的流出）等具体内容，与人才资源管理的人力资源规划、招聘与配置、培训与开发、绩效管理、薪酬管理、劳动关系管理等六大方面的内容相比，具有综合性、高端性和创新性等特点。

---

① 杨浩磊：《人本管理视角下的企业人才管理机制探讨》，《中国商贸》2013 年第 35 期。

二 企业人才管理的概念

现代企业为了实现其战略目标，需要将现代科学技术同管理学学科理论相结合，以不断获取人才为途径，对获得的人才进行资源整合、调配和开发，同时给予人才适当的回报以提高利用率，这就涉及企业人才管理。所有事物发展全部基于它们自身的客观规律，企业人才管理同样有着特有的客观规律。企业人才管理结合了管理学与行为学，根据科学管理的理论基础，充分把握了人的行为方式与规律进行的特性，目的在于发现如何充分调动人才的积极性，发挥其主动性，对于极具创造性能力的企业员工或者是从事创造性活动的劳动者（即那些被称为"人才"的人）如何实施科学管理。企业管理者只要充分认识到企业人才管理中的现象并掌握其中规律，[1] 就能促使企业越来越多的员工发展成企业所需要的优秀人才，还能给这些企业员工往人才的高层次发展创造良好的环境与条件，可以充分发挥人才在企业现代化管理中的重要作用。[2]

换句话说，现代企业人才管理要将现代管理学、社会学、心理学所涉及的专业知识充分结合，恰当安排并利用人才，以企业不同人才在性格和能力上的不同点为基础，为他们安排最适合的岗位，充分利用企业组织里面的人力，提高企业员工的能动性、积极性与创造性，充分使有限的人才资源尽可能发挥最佳功效，从而使得企业能够在

---

[1] 王少刚：《新形势下企业内知识型人才的开发和管理》，自主创新振兴东北高层论坛暨第二届沈阳科学学术年会，2005年9月。

[2] 王和俊：《企业现代化管理之我见》，《现代经济信息》2009年第24期。

人才竞争里脱颖而出，达到企业长期的战略目标。[1]

因此，对于企业人才的管理既要遵循企业人力资源管理的一般性原则，又要根据企业人才特有的特点，通过对企业人才加以开发并进行科学的管理，不断提高企业人才的专业知识、职业技能，提高其创造力、创新力，从而对企业物力财力等资源加以最大限度的开发利用，带动企业的生存发展，为企业带来巨大的经济效益。

本书认为，企业人才管理主要是指企业为实现既定的组织目标，为强化组织能力和提升经济效益而进行一系列人才配置活动。具体而言，企业人才管理以企业的发展需求为出发点，系统运用最新科学思想，把管理学的最新成果作为指导思想，针对企业关于不同层次的人才的需求、发展、开发与利用而从事的组织管理活动，它包括对一系列人才培养、使用、评价、选拔、激励和流动的实践、职能和活动，等等。企业人才管理是在长期的企业管理实践管理活动中形成的一套完整的较为稳定而科学的管理体系，规定了企业人才的权利和责任，使之更能自觉适应多变环境，将人才资源在各类企业管理经营中进行了合理的配置，具有标准化、制度化、规范化。

三　企业人才管理的特点

（一）企业人才管理要符合企业中各类人才的特点

人才管理乃所有管理活动核心所在，既非对物也非对一般体力劳动者的管理，具备政策性和灵活性都很强的特点。企业经营管理者只有牢牢把握这种规律，才能较好地

---

[1] 郑烨：《"供应链"视域下的我国企业人才管理模式研究》，《中国市场》2011年第10期。

完成人才管理的工作。① 企业里的各个成员都有各自的专长，企业人才通常都能较早定下目标，进而在实践中不屈不挠并坚定不移地完成目标，而对于新生事物充满浓厚的兴趣和热情，在平时的工作中善于捕获信息，并注重学习，行为富有创造性，善于探索，甚至会不顾一切地去追求。以上这些企业人才行为特点，作为企业管理者要认真对待并科学处理，其责任就是要保护企业人才的创造性和积极性，鼓励他们克服困难去攻克工作中遇到的困难、解决技术难题；为企业人才创造良好的环境与条件促使他们对新生事物进行学习和研究；要充分挖掘每个人的长处，并提供支持，协助企业人才尽可能快地达到目标。除此之外，企业人才管理过程中，为了防止出现消耗、浪费、积压人才的不良现象，必须建立起完善的人才信息管理系统，只有这样人才的培训、任用、存储、流动等工作才能科学化。除了企业领导者要掌握人才管理自身规律外，企业人才自身也应该遵守客观规律，不仅要注重自我价值的实现，同时应该与志同道合的人合作以完成共同的目标。

（二）企业人才管理必须做到"人尽其才"

找到一个合乎各项标准的人才是非常困难的。人才由于其自身条件和学习环境的区别，每个人能力都各有侧重，只有找到适合个人能力特点的岗位，资源才能得以最佳整合，企业才能产生最大的经济效益。② 要把挖掘、补充、维护及管理人才作为一项系统工程，企业管理者必须对组织管理制度、集体价值观念、工作奖惩规则、个体发

---

① 王菲菲：《甘肃省中小企业人才管理研究》，硕士学位论文，兰州大学，2008年。
② 刘静：《加强人力资源管理　提高企业经济效益》，《中国外资》2013年第20期。

展机会等企业人才管理的各个环节都予以细致完善的考虑、设计和实施。① 企业中的员工，尤其是青年员工都对工作持有新鲜感并愿意接受具有挑战性的任务，如果企业管理者能提供多样化的机会加以支持必定能够调动员工的积极性与创造性。② 但是，因为岗位和企业员工均有较大的流动性，企业在管理上同样存在许多难以解决的客观困难，因此许多企业管理者偏好稳定的人才内部存量，而对于企业员工在企业不同级别之间或者横向的交流略微持反对态度，也对人员跨组织的双向流动抱有略微的排斥。追求稳定的人才内部存量和岗位之间较低的流动性则会牺牲一定的组织能力和部分员工的利益，从长远看并不利于企业发展。现代市场经济中，思维活跃、善于应变的"柔性组织"具有更强大的竞争力和生存能力，而这种"柔性"组织的核心必然是具有强大的专业技术和职业技能、富有应变能力和积极性的人才。全面的人才观可以帮助企业系统分析人力资源将会面临哪些问题以及会遇到怎样的机遇与挑战，克服狭隘人才观带来的一系列弊端，形成具有系统性、完整性特点的人才制度，根据企业需求有针对性地吸引并招聘合适的人才。③

四　企业人才管理的内容

怎样吸引进而留住人才是现代企业在市场经济竞争中

---

① 王新：《论企业人力资源的优化配置》，硕士学位论文，哈尔滨工程大学，2003年。
② 汪国华：《柔性管理在企业经济管理中的应用分析》，《城市建设理论研究》2013年第24期。
③ 张礼安：《关于我国基层中小企业吸引人才策略的研究》，《商场现代化》2010年第27期。

取得优势的关键所在，事关企业的生死存亡以及未来的发展。[1] 企业管理者必须熟练使用管理工具与技术，探讨出企业如何进行人才管理才是最有效的，以最大限度地调动员工的积极性和创造性，并最大限度地为企业创造经济效益。[2] 从宏观上讲，企业人才管理的内容包括三个方面：首先，企业必须落实人才规划，以保证企业在激烈的市场经济环境中对人才的需求，[3] 通过人才规划预测未来企业发展状况，对人员分布状况适时加以必要调整，对人才的招聘、培训与开发、推广、调整、工资等提供可靠的信息与依据。其次，在效率第一原则基础上，推行深入而细致的工作体系，建立分工协作体系，还要根据实时变化不断加以调整。最后，要系统地做好人才研究工作，以解决高素质人才的选拔、培训、激励、开发等管理活动。[4]

具体而言，企业人才管理的内容主要是在构建企业的人才管理机制时要如何坚持以人才为中心，以充分发挥企业人才的能动性，增强企业员工对所在企业的认同感与满意度，加强企业人才组织队伍的稳定性，具体包括以下几点。

第一，研究企业人才管理原理，涵盖了人的行为学的方方面面，主要有人的生理周期规律、性格形成和差异性、知识累积递增规律、发现挖掘人才的规律、相处沟通

---

[1] 陈黛琴：《浅谈人才管理》，《商场现代化》2007年第11期。
[2] 姜涛、赵锦添：《企业员工管理的有效途径和技巧分析》，《中国电力教育》2012年第12期。
[3] 张晚明：《传统人事管理向人力资源管理的转变途径》，《煤炭经济研究》2000年第10期。
[4] 钟恩华：《浅议如何强化人力资源配置提高企业竞争能力》，《城市建设理论研究》2014年第1期。

的规律、人才的特性（包括类比性、特殊性和普遍性）。

第二，做好企业人才的预测和规划。这是一项综合性的反馈型预测，是为了实现一定社会经济目标而进行有效的社会控制的后果预测，在市场经济的发展中具有重大的战略意义。①

第三，人才的发现与选拔，意思是企业基于其发展需求在进行人力资源规划与职务分析后，通过一定渠道吸引对本企业有着强烈兴趣而且有能力在本企业担任职务的社会人士，从而从他们中间挑选出适合所需岗位的合适人选然后加以录用，这样企业每一环节的活动才能正常进行。这是企业其他所有活动开展的前提和基础。②

第四，人才的培养与使用，指的是对企业挑选的人才进行教育和培训，提高其专业技能和职业素养，以满足各种职业和岗位要求，并尽情发挥其才能，使其不断进取，为企业创造更多的经济效益和价值。

第五，人才的考核与调整。经济学中将人才考核定义为"通过一系列科学的手段和方法对人的基本素质及其绩效进行测量和评定的活动"。对于不适合原有岗位的企业员工要在保持其积极性的前提下帮助他们解决困难并以合理的理由进行适合其的岗位流动，以提高他们对企业的忠诚度并激发其工作积极性。

第六，企业人才管理系统工程。在系统思想的指导下，在掌握和运用人才规律和相关资源的前提下，确保企业人

---

① 茅鸿祥、蒋鸣和、沈振华、肖学金、胡瑞文：《我国人才预测与规划的理论和方法》，《中国高教研究》1985 年第 1 期。
② 何妍：《企业应建立人员配置系统而非单纯的招聘系统》，《人力资源管理》2013 年第 5 期。

才在特定系统中的主体地位,设计了最优的科学系统工程,通过持续的综合集成与创新能够使人才管理系统有效运行,以源源不断地获得、管理、培养、任用高素质人才,充分发挥人才在企业系统中的功能并为企业创造高绩效,为企业持续发展提供强大的人才支持或主体保障。[①]

五 企业人才管理的原则

现代企业人才管理涉及范围十分宽广,公司要募集、筛选并培训人才,还要进行绩效管理,支付给企业人才薪酬奖励,也要能留得住对企业发展起关键作用、有着较强工作能力的人。值得注意的是,现代企业人才管理并没有一个统一的模式,但围绕着调动人才工作积极性这一目标来看,企业人才管理却存在一些共同的基本原则。

第一,与企业战略保持一致。在既定的企业战略目标下,怎样吸收、招聘、培训、部署合适的人才来推动企业相关工作发展是企业人才管理中重要一环。战略灵活性起着十分重要的作用,企业应该适应不断变化的市场经济环境,进一步调整相应人才战略,以鼓励员工去关注团队目标、领导目标和企业治理。第二,内部一致性。意思是企业各个不同层次的人才管理实践间相互配合,要有一致的步调,这一点在企业人才管理中起着十分关键的作用。假如一个企业耗费大量精力与财力用于开发并培训高潜力人才,这个企业必须重视留住员工这个重要问题,提供给企业员工具有竞争优势的薪酬,并为企业人才的职业生涯规划路径扫清障碍,授权员工使之为企业做出贡献,同时还

[①] 李恩平、陈子凤:《企业—城市两体双向互动效应对区域科技型人才储备的影响》,《科技进步与对策》2013年第6期。

要对企业员工的主动性给予必要奖励。第三，文化渗透。成功企业都有自己独特的企业文化，要将这种企业文化看作可持续竞争优势，特别是企业的核心价值与经营理念，灵活运用于企业人才管理过程中的每一环节，不但用于企业员工的培训与发展计划以强化员工的专业知识与工作技能，还能够管理并强化企业的精神文化。第四，企业高层必须积极参与企业人才管理流程。人才管理是广泛意义上的管理，不能从企业任何流程中分离出来，应把招聘、继任计划、领导力发展以及如何留住起关键作用的员工作为企业高层管理者的首要任务。第五，在全球化需求与本土需求间寻求平衡点。企业在不同国家、文化与制度环境当中运作，企业人才管理也具有极大的复杂性，企业研究如何应对本土需求时也要保证人力资源战略与管理方式的一致性，为了对环境具备强大的适应能力还应允许地方分支机构对管理方式加以调整。第六，根据企业差异性设置不同品牌。企业应该具备独特的渠道将自身同竞争对手加以区分，这样才能为企业招募到岗位所需要的员工。[1]

六　现代企业人才管理的途径

现代企业人才管理要求在合理时间范围内，通过分析人才需求规划、配置、培养、激励、开发等一系列人事活动，使人才的数量、规模与素质等能符合企业各工作岗位的需要，以准确、快速地预见需求变化。[2] 因此做好现代

---

[1] ［美］京特·K.：《有效人才管理的六项原则》，《麻省理工学院斯隆管理评论》2012年第6期。

[2] 曹文秀：《以企业文化为视角的民营企业人才管理研究》，硕士学位论文，首都经济贸易大学，2009年。

企业管理必然需要科学合理的途径、方式方法等，概括来讲，现代企业人才管理的途径包括三个层面：第一，领导。领导是指通过计划和决策手段，对企业的所有员工进行有效的激励与指挥，它具体包括决策、指挥、规划、激励和指导，从而调动所有的企业员工积极性，以带领他们努力为企业的共同目标不断奋斗。第二，组织。也就是将企业的人和事进行有机的融合，以使企业各个部分和整体的功能得到最佳的释放。第三，协调。即在企业管理的整体过程中整合和调配资源以实现组织的目标。因此，管理需要为被管理者的劳动和其他资源服务，为企业和个人的共同目标创造有利条件。

具体而言，做好现代企业人才管理有如下几个具体途径。

一是主客体目标协调。企业人才管理中主客体均为人，而人有着社会性这一特征，必须将主客体各自目标加以协调以趋于一致，满足企业中人才的需求是企业管理者将主客体目标加以协调的关键所在，也是整个人才管理系统的基本出发点。

二是激励机制，包括物质、精神两个层面。在企业人才管理各种子系统中，制定各项措施来提高企业人才的工作积极性、努力程度从而使企业人才管理能够保持有效性，以实施管理、完成人本管理目标。实施有效的激励可以帮助企业吸引和留住最优秀的人才，将人才个人目标同企业目标结合在一起，以最大限度地发挥他们的主动性、积极性、创造性。[1]

---

[1] 刘申忠：《中西企业人本管理比较及启示》，硕士学位论文，南京师范大学，2009年。

三是权变领导。企业管理者要实施有效的企业人才管理就必须将对企业管理产生影响的各种因素加以充分考虑，使之有利于领导，其关键在于抓住人文主义这一基本前提，再根据这些措施的环境因素，因地制宜地实施以人为本的管理，努力使这些措施见成效。[①]

四是管理和培训。通过对企业人才进行全面的、持续的培训，使之有责任意识、有能力水平去履行身为企业一员的职能和义务，同时提高企业员工的专业知识和职业水平。

五是塑造环境。在企业乃至社会范围里创造出能够帮助企业人才充分发挥主动性、积极性和创造性并帮助人才自由、全面、发展的环境氛围，以此消除人才管理的障碍，使人才可以根据企业及社会的要求行事，而这也要体现到个人素质、目标以及行动中去。

七　做好企业人才管理的重要意义

21世纪是知识经济时代，科学技术日新月异，专业化分工和市场不断细化，市场经济开放程度不断提高，企业在经济生活中扮演的角色也日益重要，越来越多的学者与企业管理者开始意识到人才对企业的存亡与发展起着至关重要的作用。人才在企业发展和推动经济变迁的过程中起着至关重要的作用。[②] 21世纪的经营理念毋庸置疑是：人才于企业而言是首要资源和首要资本。[③] 只有能有效地获

[①] 许美霞：《浅析如何做好以人为本的现代企业管理》，《内蒙古科技与经济》2010年第14期。

[②] 熊建新：《关于我国企业人才管理的探索》，《中国信息化》2013年第14期。

[③] 杨浩磊：《人本管理视角下的企业人才管理机制探讨》，《中国商贸》2013年第35期。

得并留住人才，并发挥人才的最大作用的企业，才能屹立于经济大潮中不倒。①

在我国，一方面改革开放日益深入，企业转变为自负盈亏的经营单位，企业员工素质高低同企业的生存与发展息息相关。为了在日益激烈的经济战争里占据优势地位，企业开始十分重视人才的价值。优秀人才的离职对企业造成了不同层次的影响：会形成不低的替代成本，并导致企业经营效率降低，弱化了企业的竞争力，因此，实施科学有效的人才管理于企业来说十分重要。在现实中，人才对于增强企业竞争力有诸多成功案例，这些都直接证实了人才管理的重要性。

另一方面，随着我国加入WTO，改革开放的程度越来越高，外国企业越来越多地进入我国市场，与国内企业开始了在产品、服务以及人才方面最直接的竞争，我国企业遭遇到了前所未有的人才危机，对各个不同层次的人才尤其是高级人才的需求量飞速提高。大体上说，企业在残酷的市场竞争中取得优势地位的决定性因素在发生变化，人才扮演着也必然继续扮演越发重要的角色，企业为取得或者保持住所取得的竞争优势，实施科学而有效的企业人才管理势在必行。

第三节 现代企业人才管理的本质

前文介绍了企业人才管理的概念、意义，并在此基础

---

① 李春来、崔银：《现代企业的人才特征》，《乡镇企业科技》2001年第10期。

上，进一步深入探究了现代企业人才管理的内容、原则以及发展模式和途径等，最后归纳总结出现代企业人才管理的本质特征。

一 人性化的管理哲学

在现代管理学创始人泰勒的研究中，管理被视为一种规范化、数量化和最优化的理论和方法，其实质是剥离了人性的丰富内涵，把人性的某些方面与市场经济的需要结合起来。这种与近代科学方法相适应的抽象化、模型化的管理方法，显然是一种"非人化"的机械性管理方法。这是因为人的积极性和主动性并不受或并不完全受外在的规范控制，很多时候外在的压力越大，人的抵触心理越明显。任何管理的方式方法都有相应的管理哲学的支撑，"人"、"人才"或曰"人力资源"的管理作为管理活动的一部分，也需要有管理哲学的支撑，集中表现就是各种"假设"、"人性假设"的提出，如管理思想史上著名的"X理论"、"Y理论"、"Z理论"等，马斯洛的"需求层次理论"和明茨伯格的"双因素激励理论"等都为管理行为提供了理论支撑，实际上，这些"假设"和"理论"也是管理活动的哲学基础。从"X理论"、"Y理论"到"Z理论"的发展脉络看，这些理论对人的认识是一个逐渐深化的过程，是一个对人的认识由"机械"到"生动"的过程，是一个由"非人化"到"人性化"的过程。管理哲学的演变与管理的实践是相互推动而存在的，"X理论"对人"非人化"的认识在早期的企业管理活动中发挥了一定的作用，但是随着管理活动的深入和复杂化，"X理论"逐渐变得不合时宜起来，于是这种现实的需要催生了"Y

理论"和"Z理论"。到马斯洛的需求层次理论，对"人"的认识已经比较深入和全面了，而且呈现出一些动态的特征，最重要的是该理论不再把人当作机械的物品，而是把人当作有着丰富需求的、人性化的"人"。管理哲学从对人的假设上看，就是一个逐步走向"人性化"的过程。

企业人才管理作为一种既以人为管理主体又以人为管理客体的管理，应该是一种人性化的管理方法，即在人的成长成才规律指引下，探寻人的思想、精神、价值在管理中的影响力。易言之，企业人才管理以人为目的，而不是以人为工具。人才管理不同于物质生产管理，它是一门哲学，更是一门艺术，需要站在哲学的高度，运用艺术的方法，实现各类人才自由而全面的发展。

二 人才的全面开发

根据《中国劳动人事百科全书》的解释，人才开发指的是："把人的智慧、知识、经验、技能、创造性当作资源加以发掘、培养、发展和利用的一系列活动，是一个复杂的社会系统工程。开发活动的主要环节有人才发现、人才培养、人才使用与人才调剂。"[①] 可见，人才全面开发的作用和价值在于使潜在的人才变成现实的人才，使现实的人才成为有用的人才。企业人才开发要改革选人用人的体制、机制和制度，使人才的发现、使用、配置、流动相结合，以人才开发的全流程来看人才的发展，为企业发展提供有力的人才支撑。

一是坚持能力主义的选人观，不唯学历、不唯职称、

---

① 参见《中国劳动人事百科全书》编写委员会编《中国劳动人事百科全书》，经济日报出版社1989年版。

不唯资历、不唯身份，不拘一格选拔人才，以实际表现为主，以能力为依据，做到人岗相适，人尽其才。当前我国人才评价在标准上有"四唯"的倾向，即在用人标准上"唯学历"、"唯资历"、"唯职称"、"唯身份"，高学历的、老资历的、高职称的、有身份背景的人就是更有竞争力的人，这种纯粹看已有资历的人才评价方式只看到人的过去式，不看未来；只看"表面实力"，不看发展潜力。实际上，这种评价方式是一种"偷懒"的做法，以人众多能力中的一小部分来评价一个人，是片面的、有失偏颇的。企业正确的选人用人观应该是全面的、有体系的、有针对性的、动态的、实际的、不拘一格地选人用人。

二是坚持以用为本的用人观，在人才培养和使用两个方面着力，在"用"字上下功夫，培养要学以致用，使用要人尽其才。用人要坚持"人岗相适"、"人尽其才"。人才都是有知识结构和能力结构的，没有全知全能的人才，只有用在恰当位置的人才，用得恰当既能发挥人才的潜质带来巨大的收益，也能激励人才向更优秀的方向发展。人才作用在实际岗位上得到发挥，实践又反过来促进人才的成长和发展。人才的使用和培养实际上是两位一体的。

三是完善人才的分配、激励、保障制度，建立健全与工作业绩紧密联系，充分体现人才的价值。人才的分配、激励与保障实际上与管理哲学中的人性假设紧密相连，有什么样的贡献就应该有什么样的激励，有什么样的人性假设就有什么样的激励措施。人才的分配、激励与保障的根本目的是满足人才各方面的需求，为人才才能的发挥提供更加和谐的条件和环境。只有分配合理了、激励措施到位了、保障齐全了，人才的工作积极性和创造性才会更好地发挥出来。

三 提升人才资本

现代企业赖以发展的各种生产资本的"价值洼地"已经逐渐被填平，曾经廉价的环保资本以及人才资本都处于快速升值阶段。人才资本与其他资本有本质不同，即人才资本在一个环境中会升值，换一个环境可能就会贬值。这就要求我们在企业人才管理工作中要做好四个方面，帮助人才资本持续地自我提升：一是要在实践中发现人才、培育人才、锻炼人才、使用人才、造就人才，让人才在生产、管理一线中成长，在实践中成才。实践是人才成长、发展最为肥沃的土壤，脱离实践谈人才价值、谈人才评价、谈人才发展都是无源之水、无本之木。以实践为根基，人才的发现、培养、锻炼和使用才会有据可依，才会有所依靠。二是要积极为各类人才创新、贡献才智提供良好的政策环境和条件，用好用活各类人才，提高各类人才的效能。人才创造性、积极性的发挥需要恰当的内外条件，离开具体环境谈贡献、谈创造与管理活动的基本规律是相悖的，人才的报酬要与贡献相平衡，要有良好的外部物质基础和制度条件的保障，只有内外条件都具备了，各级各类人才的效能才会提升。三是更新人才观念，调整政策，创新制度，促进各类人才之间的良性竞争，调动人才的积极性和创造性。从人才学创立之初到现在，学术界和实务界对人才的定义一直在调整、一直在修正，具体来说，"人才"这一概念具有时代性，人才的能力、人才的特性、人才的价值等是随着时代变化而变化的，这就要求我们要在实践中不断开阔眼界，更新理念，进行理论上的创新，打开人才工作的新局面。四是做好收入分配和奖励工作，维护人才的合法权益，激发人才的竞争活力。人才积极性和创造性的发挥是要以合理的待遇和奖励为基础的，这是管理学理论和实践一直以来被反复证明正确的东西，而今的人才管理也要遵循这个基本规律，该有的待遇要有，该给的奖励要给，不能"又想马儿跑，又要马儿不吃草"。至于如何分配收入和奖励，需要结合人才实际贡献实时调整。

第四节　现代企业人才管理的发展趋势

毋庸讳言，21世纪是一个经济、科技迅猛发展的世纪，国内、国际竞争异常激烈，在这样的环境下，企业人才管理的内容、任务、原则、模式、途径等肯定不是一成不变的，而是随着经济社会的现实不断进步发展的。总体上看，目前现代企业人才战略管理呈现出如下三个发展趋势。

一　现代企业人才管理的法治化

当今世界是一个法治文明高度发达的社会，高效的企业人才管理离不开法律的保障，人才管理的法制化不仅能保障现代企业人才管理方式、程序的规范化，还能保证人事人才管理理念、价值的公正化。这是人才强企的必然要求。

企业人才管理工作法治化主要体现在两方面：一是要制定科学合理、适应知识经济和现代企业管理制度要求的企业人才管理的法规和规章制度。二是要坚持体制机制制度的规范化、程序化，使现代企业人才管理的相关规章制度能够有效落实，成为实践中可以指导和规范人才工作的行为准则。

首先，关于研究制定企业人才管理的公司法规和规章制度，具体需要做到以下几个方面：第一，建立和完善企业人才培养选拔等方面的公司法规。例如，建立和完善符合知识经济要求的，突出素质、能力和业绩的企业人才的科学资格认定标准和任职资格制度；建立和完善包括素质、能力并重的企业人才的职业教育、岗位培训和体现公平竞争的选拔方式的规章制度。第二，建立和完善企业人才薪酬和激励等方面的公司法规。建立和完善体现市场机制、符合知识经济要求的企业人才收入分配制度，薪酬收入与企业效益挂钩的比例，薪酬发放的条件和标准，期股权管理办法以及保障收益等规章制度。第三，建立和完善企业人才责任监督等方面的公司法规。按照知识经济和现代企业制度要求，建立有效的监督管理机制，进一步明确企业内外部监督主体的职责，进一步落实企业人才的责任，保障其合法权益，使监督约束机制进一步规范化和法制化。[1]

其次，研究制定出的企业人才管理的各项规定需要有效落实，才能发挥法治化应有的作用。第一，通过企业人才管理的法治化建设，保障现代企业的战略目标、经营计划、生产计划、财务计划的制订，以及企业人才的招聘计划、培训计划、升职计划的执行照章办事。第二，运用规范合理的管理制度，为人才的选拔、培养、使用、成长等

---

[1] 沈荣华主编：《人才立法与规范管理》，党建读物出版社2008年版，第140—142页，有改动。

提供制度保障；基于法律程序来解决人才管理工作中出现的各种矛盾和纠纷，为有效保护各类人才的合法权益，提供公正的法律救济途径。

二 现代企业人才管理的国际化

当今世界是经济全球化不断深化的时代，与经济全球化相对应的大趋势是人才竞争日渐国际化。这就意味着现代企业面临的人才竞争不仅是国内范围的竞争，而且是全球范围的竞争；不仅是局部的竞争，而且是全方位的竞争。

在人才国际竞争的背景下推进企业人才管理，应坚持国际化的视野，既要注重培养企业中国内人才的国际化，使其成为具有国际竞争力的人才，又要吸引国外的优秀人才使其为企业发展贡献才智。

首先，根据市场需求，建立对国际化人才的长期培养机制。在国际化人才的培养上，一个重要的来源是中国广大的留学生群体，这些留学生是中国企业人才管理国际化可以依靠的强大力量。此外，国际化人才的来源还包括留在海外的华人华侨。因为海外的华人网络对中国和本地文化均有所了解，可以为中国企业"走出去"提供宝贵的信息，所以是人才培养的重要来源。[①] 在这方面，可以学习宏碁集团的做法，宏碁集团的定位是用全世界最好的人才和最好的科技，做全世界做不完的生意。宏碁集团的高管来自六个不同的国家，因为有了这样的定位，管理团队成

---

① 《人才竞争是中国企业国际化的重要环节》，人民网—经济频道（http：//finance. people. com. cn/GB/8215/126457/8098920. html）。

员减少了不必要的摩擦。[①] 吸引海外华人来中国企业的本部，经过交流锻炼增加其对企业文化的了解，充分利用其对东道国文化和对企业本部文化的双向了解，使其为企业发展献计献策。在人才的培养方式上，可以借鉴三星的经验，边"走出去"，边在实践中培养人才。通过将优秀的人才派驻海外，提供企业在海外的项目锻炼人才，使很多优秀的国际化人才在企业"走出去"的过程中成长起来。[②]

其次，从环境、薪酬、事业三个核心方面采取措施，吸纳和储备人才。在薪酬方面，为了吸引国际化的人才，企业标准需要与国际市场接轨，不能完全沿用传统的体制，需要有一个更加灵活、能够跟随着市场变化的分配体制。[③]在环境方面，除了薪酬达到一定的标准外，还需要用良好的工作环境来吸引人才。这里的工作环境，包括优秀的组织文化、人性化的管理方式和充分的培训机会。在事业方面，不能仅仅站在企业作为雇主的角度，还需要站在帮助人才自我发展的角度，有意识地帮助人才发展各个方面的能力。我国企业会面临越来越多的跨国公司的竞争，相对于我国本土企业，跨国公司能使人积累较多的项目运作经验，且薪水较高，本土员工不可避免地会有一些流动。对于这样的流动，想单纯通过行政手段遏止是不可能的。如果可以在本企业的环境、薪酬和事业方面采取措施，提高竞争力，不仅会减少人员流动，这些跨国公司中国际人才也会被越来越多地吸纳到我国企业中来，为企业

[①] 李魏晏子：《中国企业最缺乏国际化的领导人才》，《上海国资》2010年第12期。
[②] 李剑阁：《边走出去，边培养国际化人才》，《中国会计报》2012年3月23日。
[③] 《人才竞争是中国企业国际化的重要环节》，人民网—经济频道（http://finance.people.com.cn/GB/8215/126457/8098920.html）。

"走出去"提供宝贵的国际经验。

最后,应培育多元化的企业文化,拓展和更新人才观念,对于不同背景、不同身份的人才加强包容性和相容性,促进国际化人才与本地环境的共融共生。国际竞争背景下的企业人才管理面临的一个突出问题是如何管理来自不同国家的国际人才,使其相互之间能够融合,发挥合力。这在根本上是要求企业提高国际化的经营管理能力和组织管理能力。在具体的人才管理方面,可以考虑循序渐进地发展国际化团队:从核心小团队开始创建,逐步发展。一开始简单、专注、直接,在获得一定的管理经验以后再逐步扩大团队的规模。建立一种包容开放性的企业文化。在管理观念上,既有"海纳百川"的胸怀,也有"任人唯贤"的态度。信任和尊重外籍管理人员,达成跨文化的融合。应坚持创新化的方法,借鉴国际一流同行的先进经验,结合自身的实际,创建人才使用、评估、成长的开放性环境和灵活性机制。

三 现代企业人才管理的战略化

在我国人才战略属于国家战略。2001年3月15日,第九届全国人民代表大会第四次会议批准了《关于国民经济和社会发展第十个五年计划纲要的报告》。在《报告》中,"人才战略"被提升到国家战略的高度上。主要内容包括:"一是开发人才资源,加快培养和选拔适应改革开放和现代化建设需要的各类人才。二是营造用好人才和吸引人才的良好环境,加快建立有利于优秀人才脱颖而出、人尽其才的有效机制,形成尊重知识、尊重人才、鼓励创业的社会氛围。"在这一大的背景下,坚持人才战略成为我国现代企业有序发展的重要条件。在企业的招聘、培训、薪酬以及企业文化等各个方面，最本质、最根本的环节还是人才本身，人才是所有管理体系中的核心因素。所以，只有优先做好人才的战略管理工作，努力为人才成长提供良好环境和有力支持，才能在激烈的竞争中提升企业的创造力，使企业取得更大的经济效益。

根据国家人才战略的要求，具体到企业人才管理层面，要做到现代企业人才管理的战略化必须做到如下两个方面：首先，企业人才管理战略化要求人才合理组合。在信息爆炸的今天，人才的聚集、组合又有了新的含义。传统的某些格言，如"人心齐、泰山移"、"人往一堆聚，力往一块使"已经不能适应这一形势的要求，必须科学地讲求人才的合理组合。系统工程有句名言："系统的整体力量一定超过它的子系统的单独效益的总和。""1+1>2"中的两个"1"不应该是完全相同的，否则不能产生大于2的效果。[1] 知识经济时代下，企业人才组合方式应该包括专业组合、年龄组合、智能组合、知识层次组合和气质结构组合等方式。其中，专业组合是指不同专业的人才有机组合并且相互协调配合，产生巨大的合力。由于专业结构合理，各类人才能够相互配合，发挥人才的群体效应，做到职能互补。年龄组合是指不同年龄的人才按一定比例进行组合形成老中青相结合的立体"作战部队"。智能组合是指有的人才发现问题的能力比较强，有的人才认知问题的能力比较强，有的人才发散思维和聚合思维能力比较强，根据这些不同的特点，将再现型、发现型和创造型人才综

---

[1] 杨明远主编：《最新人才强国战略、人才队伍建设与管理实务全书》，宁夏大地音像出版社2005年版，第455页。

合在一起，发挥巨大作用。知识层次的组合是指由初级、中级、高级水平的人才按一定比例进行组合能发挥立体作战能力，能做好知识水平与岗位相协调，做到人尽其才。气质结构的组合是指不同气质的人才、内向与外向的人才互补，不同性格兴趣的人才相互组合或者志同道合或者取长补短，能最大限度地发挥整体的作用。[①] 其次，企业人才管理的战略化需要人才重点集中。第一，集中力量重点吸引、培养和留住急需人才、关键人才，集中打造企业发展所需要的战略性人才资源。战略性人才具备高价值性、稀缺性、不可模仿性和难以替代性等重要标准，是企业发展的核心竞争力所在。第二，发挥关键人才在企业人才竞争中的杠杆作用。引进、培养、激励、留住关键人才有助于产生人才的带动效应、传递效应，进而在激烈的企业人才竞争中起到以点带面、四两拨千斤的作用。第三，集中力量于人才资源开发管理的某个环节或人才竞争的某种方式，提高人才资源开发管理的水平，在人才竞争中形成品牌优势。例如，集中力量进行企业人才培训，提高企业人才队伍的素质。又如集中力量改善企业人才环境，为企业人才干事立业解除后顾之忧。[②]

[①] 杨明远主编：《最新人才强国战略、人才队伍建设与管理实务全书》，宁夏大地音像出版社2005年版，第456—457页。

[②] 王通讯主编：《人才战略规划的制定与实施》，党建读物出版社2008年版，第34—37页，有改动。

第四章

企业发展与人才管理的关系

如前文所述,在20世纪90年代,"人才管理"这一概念被提出并逐渐流行起来,人才管理是对影响人才发挥作用的内在因素和外在因素进行计划、组织、协调和控制的一系列活动。法利(Farley,2005)提出,人才管理是发挥员工价值的一套流程,人才管理的定义的核心议题就变成了"吸引、聘任、培养和保留人才"[1]。从这时候起,与人力资源管理相比,人才管理被看作一个整体,而不再被割裂成所谓的六大模块。人力资源部门的业务重心转向吸引、招募、发展、管理和留住人才,更加强化人力资源的战略地位。[2] 人才管理的出发点是"人"与"人才",追求的终极目标是持续不断的人才供应。在人才管理中,管理功能是紧密连接的,而不再是割裂的,它的各个部分围绕着人才紧密耦合。

---

[1] 北森研究院、中国人民大学:《人才管理:中国人力资源管理新纪元——2009—2010中国企业管理现状及展望》,第2—3页。

[2] 万弘:《Y公司人才管理与继任者计划案例研究》,硕士学位论文,中国海洋大学,2012年。

第一节　现代企业重视人才管理的原因分析

随着社会的发展和科技的进步，企业面临的环境越来越复杂，更多的企业和研究者意识到人才对企业的生存和发展具有重要的意义。在这种背景之下人才管理被提出来并受到了广泛的关注。

一　根本原因

人才管理是当前许多企业管理中的一个短板，而人才又是构成一个企业竞争力的核心要素，因此，弥补"短板"是当前企业关注人才管理的根本原因。改善企业的人才管理水平会为企业带来显著的边际效益提升，也会为企业的发展提供长期的源源不断的智力支撑。然而，当前人才管理称得上是企业整体管理木桶中的"短板"，无论是企业的研发、生产还是营销、资本运作都要受制于人才资源的短缺，人才管理的"短板"最终会成为整个企业发展的"瓶颈"。任何事情都是由人来完成的，没有足够的人才则无足够的智力支撑和高效的执行力。因此，弥补这块"短板"、消除"瓶颈"对企业赢得竞争优势起着关键性的作用。

二　直接原因

（一）人才流失是许多企业认识人才管理重要性的直接原因

对于一个企业来说，人才的流失造成的影响是多方面的，既有显性的也有隐性的。比如，一个团队会因为优秀人才的离开而遭到破坏，被迫中断正在进行的任务，大大降低企业的经营效率；人才离职可能会伴随着客户资源以及商业秘密的流失，对企业的竞争力造成威胁；人才的离开意味着企业又要重新消耗人力、物力等资源来选拔和培养人才以弥补空缺，这对企业来说是一种损失；企业高级管理人才或核心技术人才的流失会直接改变企业的竞争格局，试想阿里巴巴没有马云将会是怎样的呢？人才的流失正在威胁着企业的生存和发展，这是企业关注人才管理的直接原因。

（二）人才对提高竞争力的大量成功案例也说明人才管理的重要性

在人才管理不善使企业人才大量流失却没有新的人才增补进来导致很多企业竞争力减弱甚至破产的同时，另一些企业却提供了因为人才管理成功而创造企业发展奇迹的正面案例。例如，某国有企业通过选择优秀的管理团队，实施新型的人才战略管理，在改革浪潮中顺利地生存下来并成功转型；某个中小企业通过考核制度调整、薪酬制度的改革成功激发人才工作的积极性，在短时间内营业额顺利提升。无论是短期内实施积极有效的人才激励策略还是从长期对人才进行战略管理，积极、高效的人才管理都能为企业业务的提升甚至是企业的长远发展带来显著的改善。诸如此类的成功案例给众多企业的人才管理带来了非常直观的启迪。

三　间接原因

（一）改革开放的深入使得企业竞争更加激烈

众所周知，新中国成立以来我国经历了计划经济到市场经济的转变，改革开放30多年来，企业面临的国内国际环境发生了翻天覆地的变化。计划经济时代，经济命脉完全掌握在国家手中，企业缺乏自主性，其目的并不是追求利润最大化，而是按照要求完成计划，企业通常都没有提高其竞争力的动力，此时人才的作用是难以施展的，或者更加确切地说，企业没有提升竞争力的必要，甚至到了不需要人才发挥效用的地步。因此，在当时，实际上是缺乏对人才价值的重视的，在选人、用人、留人上也没有一个合理的机制。随着改革开放的深入，计划经济逐步朝市场经济转变，国有企业有了更多的自主权，需要自负盈亏，对效率和效益的追求成为它们的主要目的。当然，还有更多的民营企业成长起来，它们在追求效率上更加积极，也更有活力。当多种类型的企业同时存在于一个巨大的市场之中的时候，谁拥有更加强大的资源，谁就能拥有更大的市场竞争力，人才资源在其中发挥着决定性的作用。随着社会经济形势的复杂化，对形势的研判和方向的把握需要更强大的智力及技术水平的支撑，在这种情况下，企业的竞争对人才的依赖程度越来越大。甚至可以说，此时的员工能力和素质的高低直接影响着企业的生死存亡。[1]

（二）高科技的飞速发展，使人们更直接认识到人才的价值

科学技术的发展，尤其是互联网技术的普及，创造了前所未有的新产品、新服务，人才的知识、技术和智慧在这个领域显现得最为充分。以手机APP（手机应用）为

---

[1] 何家祥：《我国企业人才管理研究》，硕士学位论文，广西大学，2005年。

例，一个受到普遍欢迎的 APP 可以使一个名不见经传的小软件公司瞬间声名大噪，也可以使一个原本已经非常强大的软件企业更加辉煌。前者如手机游戏《愤怒的小鸟》，该游戏由芬兰公司 Rovio Entertainment Ltd. 开发，2009 年发行，之后迅速风靡全球，占领各大游戏排行榜榜首，玩偶、手办、电影等周边产品层出不穷。2016 年 3 月 18 日，联合国秘书长潘基文任命游戏《愤怒的小鸟》中的红色小鸟为绿色荣誉大使，以鼓励年轻人为应对气候变化采取积极行动。一款小游戏之所以能够创造如此巨大的价值，其背后的创新研发团队自然功不可没，它运用了新的技术，融入了很好的创意，在产品的传播上也别具一格，该"产品"与传统意义上看得见的实体产品有着显著的差别，但创造的价值不可同日而语，人才的作用在这里也被放大。后者如国内的腾讯公司，腾讯公司是即时通信软件的先行者，早期参照国外同类产品创造了 QQ，当时相比国外产品并没有特别明显的竞争力。后来微软的即时通信软件 MSN 进入中国，与腾讯 QQ 展开激烈竞争，腾讯凭借强大的人才队伍、开放的思路、长远的本土化战略、高效的执行力一步步赢得相对于 MSN 的竞争优势，最后迫使 MSN 退出中国市场，腾讯赢得了全面胜利。移动互联时代，腾讯并没有止步于之前取得的成绩，在张小龙团队的主持之下，创造移动互联时代即时通信软件微信，与占据市场优势的飞信和后起之秀易信等正面交锋，通过多轮争夺终于占据国内市场的主导地位，并积极向海外市场扩展，微信在国外也同样取得了不俗的成绩。在这个过程中，微信团队在理念构建、软件设计与服务、软件更新与变革、软件推广与销售等方面都做到了远超对手的水平，有着十分强劲的综合实力。在竞争白热化的互联网领域，变化是永恒的主题，创新和变革随时上演，因此，谁拥有创新型的人才，谁掌握了高超的知识与技术，谁就能占领市场的制高点。

人才管理与企业发展到底有什么样的具体关系呢？本书认为，企业发展和人才管理都是动态的，所以应该用发展的眼光去看待问题、分析问题。这里从企业发展和人才战略管理的宏观高度和企业发展不同阶段与人才管理规律的微观过程两个方面来分析。首先从宏观角度去考察企业发展与人才管理的关系，将企业发展和人才管理都作为整体来研究；然后从微观视角去考察企业发展的各个阶段中人才管理的规律，重点分析各阶段企业的特点、人才需求、人才管理目标、人才管理的方法。

第二节 企业发展与人才管理的宏观关系

企业发展与人才管理是一个相互作用和相互影响的过程。一方面良好的人才管理可以为企业的发展提供源源不断的人才；另一方面企业的每次变革和发展都对人才管理提出了新的要求，促使人才管理去创新和突破（图4—1）。

人才管理 → 促进 → 企业发展 → 推动 → 人才管理创新

图4—1 人才管理与企业发展的关系

一 人才管理促进企业发展进步

人才是企业所有资源中最重要的部分。正如保洁公司创始人查理·杜普里所说:"假如你夺走保洁的人才,却留下金钱、房屋和品牌,保洁将会失败;假如你夺走保洁的金钱、房屋和品牌,却留下人才,保洁将会在10年内重建王国。"[1] 曾经有人问比尔·盖茨:"如果允许你离开地球到另一个星球生活,但只能带走一样东西,那会是什么?"盖茨说:"我将带走微软公司里最优秀的20个人才。"[2] 由此可见,任何一个伟大企业的成功,与它所拥有的优秀人才是分不开的,人才管理就是为对影响企业人才发挥作用的各种内部和外部因素采取计划、组织、控制、协调等活动。

具体来说,人才管理对企业发展的帮助体现在以下这些方面:第一,人才管理有助于企业获取所需要的人才,在了解企业的人才需求之后可以有计划地招募、筛选,将人才安排到合适的岗位上;第二,人才管理有助于企业开发人才潜力,每个人才都有其独特的个性和潜能,每个工作所需要的能力有差别,很多情况下人才和工作之间会有一个磨合的过程,有的是通过培训,有的是通过自我学习,在这个过程中人才的潜力就会被挖掘出来;第三,人才管理有助于企业激励人才工作,人才对于企业的价值主要取决于两个因素,一个是员工的能力,另一个是员工为企业工作的意愿,良好的人才管理可以提高人才对企业的忠诚度和组织认同感,增强人才工作的积极性;第四,人才管理有助于企业留住关键人才,人才的流失是当前很多企业面临的难题,人才管理可以通过一系列的物质激励和

---

[1] 《经济危机下如何留住你的优秀员工》,网易—财经频道(http://money.163.com/12/0106/18/7N3SVIPV00253B0H.html)。

[2] 刘少锋:《核心人才流失原因分析及应对策略》,《科技情报与开发经济》2012年第12期。

精神激励吸引关键人才留在企业，为企业的持续稳定发展提供充足动力。

二 企业发展推动人才管理创新

在人才管理影响企业发展的同时，企业发展同样也在影响着人才的管理。图4—2是北森研究院发布的人才管理的模型[①]，它清楚地反映了人才管理的本质和主要内容。需要注意的是，这个模型中招聘管理、员工安置、绩效管理、职业规划、领导力开发、继任计划等人才管理工作并不是一成不变的，都属于跟随企业的发展需求而变的行动方案。也就是说企业发展会推动人才管理的创新和发展，人

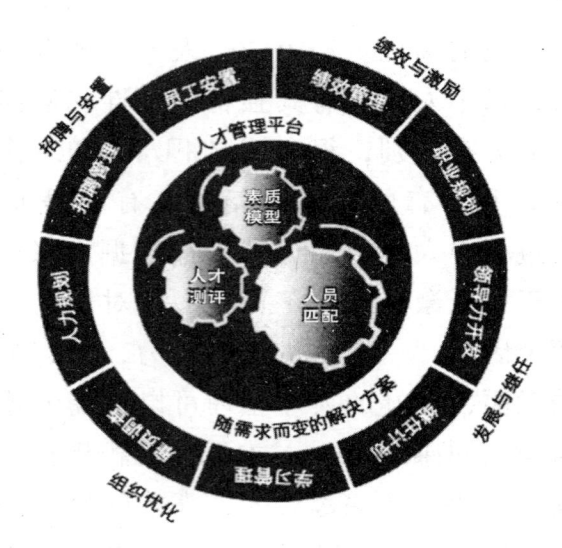

图4—2 人才管理的模型

资料来源：北森研究院。

---

① 北森研究院、中国人民大学：《人才管理：中国人力资源管理新纪元——2009—2010中国企业管理现状及展望》，第2—3页。

才管理需要顺应企业的发展变化而变化。

具体来说，企业发展对人才管理创新的推动作用主要表现在以下几个方面：第一，企业发展推动人才管理理念的创新。企业的人才观念会随着企业发展面临的内外环境的变化而变化，如一家企业正在准备借助互联网平台来拓展其业务，那么在这个时候懂得电子商务的人员成为企业需要的人才，人才能力结构、年龄结构、学科结构等都会发生相应的变化。第二，企业发展推动人才管理目标的确定。在企业发展不同阶段人才管理的重心是有偏移的，如在企业创立初期，企业人才管理的目标就是想方设法招揽和留住人才；当企业具有一定规模之后，人才管理的目标就可能变成发挥人才的潜能、培养继任者，避免机构臃肿而淘汰人员。第三，企业发展推动人才管理方式的变革。随着企业的发展和经验的丰富，企业可以采取的人才管理方式也会越来越多样化，就激励手段来说，企业成立初采用的激励手段可能是给予物质奖励或者表扬，方式比较单一，随着企业的发展，对于核心员工可能采取配股、允许参与高层决策等方式，激励手段更加多样灵活。第四，企业发展推动人才管理环境的改变。如果将人才管理看作一个系统或者平台，那么它一定是处于一定的环境之中的，企业的发展状态是企业人才管理的一个重要构成部分，企业的发展意味着企业人才管理环境的改变。

第三节　企业发展与人才管理的微观关系

从微观的视角来看，在企业发展的不同阶段人才管理都是非常重要的，人才管理贯穿于企业发展的整个生命周期，在企业发展阶段人才管理会呈现不同的特征。马森·海尔瑞最早提出"企业生命周期"的概念，他指出企业发展过程中会出现停滞、消亡等现象。[1] 后来企业生命周期理论被广泛研究，迄今已经形成了20多种衍生理论，其中比较著名的有：爱斯迪的成长阶段（包括孕育期、婴儿期、学步期、青春期和盛年期）和老化阶段（包括稳定期、贵族期、官僚前期、官僚期与死亡期）；理查德·L.达夫特四个阶段：创业阶段、集体化阶段、规范化阶段、精细化阶段。[2]

在这里将企业的生命周期分为创业期、成长期、成熟期和衰退/再生期四个阶段。企业发展的各个阶段的特点如表4—1所示，结合企业的发展周期理论，从微观角度分析人才管理在企业发展的各个阶段的特点。

表4—1　　　　　　　　　企业的生命周期

企业特点	创业期	成长期	成熟期	衰退/再生期
规模	较小、人员流动高	逐渐壮大、人员趋于稳定	规模较大，机构增多，关系复杂	人员冗余，机构臃肿
管理机制	制度不健全，管理幅度小，管理水平较低	规章制度逐渐建立，管理水平提高	具备较完备的管理制度和稳定的管理模式，官僚主义滋生	官僚主义严重，管理效率低下

---

[1] 李冬伟、李建良：《基于企业生命周期的智力资本对企业价值影响研究》，《管理学报》2012年第5期。

[2] 曹裕、陈晓红、马跃如：《基于企业生命周期的智力资本与企业绩效关系》，《系统工程理论与实践》2014年第4期。

续表

企业特点	创业期	成长期	成熟期	衰退/再生期
赢利能力	产品或服务方向不确定，销售渠道不畅通，市场份额小，赢利能力弱	产品或服务基本定型，市场份额扩大，赢利能力增强	产品或服务形成一定规模，具有较强市场竞争力，利润增长缓慢	产品落后，市场份额下降，利润下滑
研发创新能力	较弱	研发能力较强，灵活	创新精神衰退、保守、退化	技术老化、缺乏创新
核心竞争力	尚不明确	逐渐形成独有的竞争力	优势竞争力明显	优势竞争力逐渐丧失

资料来源：倪燕翎：《基于企业生命周期的人力资本管理模式研究》，《科技创业月刊》2013年第1期。

一　企业创业阶段人才管理的特点

处于创业期的企业的特点是大多数的资源要素都需要购买和整合，企业的规模小，人才的流动性大，各项规章制度都不太健全，管理幅度小而管理水平较低，产品或服务方向不确定，销售渠道不畅通，市场份额小，赢利能力弱，企业的研发创新能力比较弱，核心竞争力也并不是特别明确。

这一阶段的核心人才或者说人才管理的重点是经营型人才和技术型人才。前者富有创新精神，具有很强的市场意识，勇于开拓，能够引领企业生存；后者具有创新和创造的能力，能够为企业提供坚实的技术基础和具有竞争力的产品支撑。这一阶段人才管理的目标应该是建立健全企业的人才管理机制，配备必需的条件去吸引这些经营型人才和技术型人才，通过合理的激励手段去留住这些人才。这一阶段人才管理的基本方法或者主要工作就是招募和录用人员，从中筛选出和企业文化相适应的、对企业发展有益的人才，创造环境使之度过磨合期，顺利为企业创造价值。需要注意的是，人才和企业之间是有一个磨合的过程的，尤其在创业阶段的企业这种磨合会更加困难，这是这一阶段人才流失率高的主要原因。筛选是发现并为企业配备人才的关键一步，而短期的激励则是使人才留下为企业服务的重要做法。

二　企业成长阶段人才管理的特点

处于成长阶段的企业的特点是规模逐渐扩大，人员也逐渐稳定，各项规章制度逐渐建立，管理水平提高，产品或服务也基本定型，市场规模和份额扩大，企业赢利能力增强，发展速度明显变快，企业的核心竞争力逐渐形成，技术研发能力也得到了改善，专业化水平迅速提高。

这一阶段企业需要的人才或者人才管理的重点是管理型人才和销售型人才。前者能够为企业制订战略规划，构建科学合理的企业管理制度，完善企业的组织架构，监督各项政策的落实，保证企业运行的规范化和标准化。后者能够为企业不断地开拓市场、发展客户关系从而进一步扩大产品的市场份额来获得更多利润，这对于一个产品和服务已经基本定型的成长阶段的企业来说是非常重要的。这一阶段人才管理的主要目标是优化人才的配置，提高对人才的投资，充分发挥人才的潜能来提高人才的使用效率，发掘这些管理型人才和销售型人才。这一阶段人才管理的主要工作或者方法是通过各种形式的培训来提高人才的存量，激发人才的潜能，提升人才的技能，从中选拔出优秀的人才；通过健全各种保障体系，优化企业的业务流程，完善企业的组织构架，将人才放在合适的岗位上，增强人才对企业的组织承诺度；通过给予人才各种物质激励和精神激励来提高其对企业的忠诚度，避免人才的流失，提升人才对企业的奉献精神。

三 企业成熟阶段人才管理的特点

处于成熟阶段的企业特点是规模比较大，机构增多，关系复杂。企业已经发展出了较完备的管理制度和稳定的管理模式，产品或服务形成一定规模，具有较强市场竞争力，但是官僚主义开始滋生，企业利润增长缓慢，创新精神衰退、保守、退化，竞争力明显不占优势。这时候企业人才的素质和技能普遍较高，人才也比较丰富。

这一阶段所需要的人才或者人才管理的重点对象是综合型的，既需要管理型人才和销售型人才，同时也需要经营型人才。因为对于一个已经比较成熟的、规模庞大的企业来说，任何"短板"都可能成为未来失败的导火索，无论是经营上的失败还是管理上的漏洞抑或技术上的落后都能成为企业发展的威胁，企业的发展依靠的是综合实力。这一阶段人才管理的主要目标就是一方面为企业的发展培养出合格继任者，保持企业的竞争优势；另一方面使人才资本和物质资本在企业的剩余价值分配博弈的过程中处于平衡状态，避免企业的剩余价值完全或过多被人才瓜分。这一阶段人才管理工作的主要方法就是通过建立合理的人才选拔、考核机制，使优秀的人才脱颖而出，为人才系统及时补充新鲜血液；通过丰富的教育、激励机制激发人才的工作热情，避免官僚主义的滋生蔓延；通过规范企业的运作流程，建立科学的组织形态稳定人才规模和人才结构。

四 企业衰退阶段人才管理的特点

处于衰退期的企业的特点是规模过大，机构臃肿，人员冗余，官僚作风严重，管理效率低下，产品落后，在市场上的份额也逐渐下降，产品的利润下滑，企业技术老化、缺乏创新、内部研发能力减弱，企业的核心竞争优势逐渐下滑。这时候企业需要解决的主要问题是改革其组织、创新其管理模式、变革其技术、转换其领域或产品、寻求新的突破点。

在这一阶段企业关注的人才重点应该是经营型人才和技术型人才。前者可以利用其前瞻的思维迅速识别企业的衰退状态，积极鼓励创新，调整企业的发展方向；后者可以为企业发展提供新的产品和技术支撑，迅速为企业提供有代表性和竞争性的产品和服务，重新赢得企业的核心竞争力。这一阶段人才管理的主要目标就是淘汰过时的人才，树立新的人才观念，培养和引进新的人才去适应企业新的发展目标，改变人才管理的目标，不是追求人才队伍的庞大而是精简、有效，充分考虑人才和企业发展目标的契合度。这一阶段企业人才管理方法需要创新的地方就是建立人才竞争和淘汰机制，将企业发展新业务不需要或者多余的人才淘汰出去；建立人才甄选机制，在企业确定新的发展战略条件下补充新的人才。

总之，人才战略已经上升到了企业战略的高度，成为企业战略不可或缺的有机组成部分。人才战略视人才为资源，认为人才是一切资源中最宝贵的资源。认为企业的发展与员工的职业能力的发展是相互依赖的，企业鼓励员工不断地提高职业能力以增强企业的核心竞争力。而重视人的职业能力必须先重视人本身，把人力提升到了资本的高度，通过投资人力资本形成企业的核心竞争力，同时，人力作为资本要素参与企业价值的分配。人才战略的终极目标是为企业战略的实现提供连续不断的有效人才供给。

另外，从企业战略的角度上看：一方面，企业战略的关键在于确定好自己的客户，经营好自己的客户，实现客户满意和忠诚，从而实现企业的可持续发展。如何让客户满意？需要企业有优良的产品与服务给客户创造价值，带来利益。高质量的产品和服务，需要企业员工的努力。所以，人才资源正是企业获取竞争优势的首要资源，竞争优势正是企业战略得以实现的保证。另一方面，企业要获取战略上的成功的各种要素，如研发能力、营销能力、生产能力、财务管理能力等，最终都要落实到人才上，因此，在整个企业战略的实现过程中形成有效的人才战略是最重要的。

第五章

我国企业人才管理的现状与问题

中华民族在长达5000多年的文明史中积累了丰富的人才管理经验,形成了系统化的人才管理思想。在西方,作为人力资源管理的最核心内容,学者们在20世纪末才提出人才管理的概念,但当时并没有引起研究者的足够重视。随着知识经济时代的到来,人才在现代社会中所起的作用越来越大,人才管理的重要性也愈益增加。[①] 从目前我国人才管理的现状来看,企业人才管理无法适应知识经济的发展,还存在诸多亟须解决的问题,主要表现在以下几个方面:人才流失现象较为严重、企业人才管理的和谐度普遍较差、企业人才管理的营销意识欠缺、企业人才管理难以适应知识经济的挑战、企业人才管理体制不完善。

第一节 人才流失现象较为严重

笔者的调查数据显示,全国不同级别的城市都存在企

[①] 肖贵阳:《人力资源营销体系的构建》,博士学位论文,天津财经学院,2003年。

业人才流失现象，如笔者调查的 A 省 H 市。2013 年该市六大主导产业的人才流失比例高达 12.2%，民营企业人才流失现状更为严重，其中规模以上企业人才流失比例为 8.3%，中小企业人才流失比例高达 17.0%，企业人才的流失成为制约 H 市经济增长的重要因素。[1] 在现行的企业人才管理制度下，人才流失是一种普遍存在的现象，特别是加入 WTO 以后，我国进入"第三次人才流失"阶段，跨国公司通过各种手段吸引专业人才，我国的"技术移民"现象越来越严重，给民族企业发展造成很大的负面影响。[2] 一般来说，每个企业都存在正常流动现象，人才的正常流动对企业发展具有积极影响：人才流动可以带来思想的更新和交流。但是人才的非正常流动会对企业发展造成不利影响，有些人才跳槽后会带走一批人到另外一家企业，并把原来企业的客户资源、公司材料一起带走，帮助另一家企业与原企业竞争，其结果往往是老客户的流失及企业经营效益的下降。企业人才的流失有着较多的原因，既有企业内部原因，也和社会的宏观经济环境存在密切关系。

一　人才管理观念淡薄

很多企业人才管理的观念落后，没有形成科学的人才观，没有意识到有创造力、有贡献能力的人才对企业发展的重要性，没有认识到传统的人力资源管理和现代的人才管理之间的区别。现代的人才管理应该建立在"以人为

---

[1] 相关数据由笔者调研所得。
[2] 朱雪里：《人力资源管理的新内容：人力资源营销》，《现代管理研究》2003 年第 1 期。

本"的基础上，基础是关注人的自然属性，重点考虑人的社会属性。马斯洛的需求层次理论认为，人类需求像阶梯一样从低到高按层次分为五种，依次为生理需求、安全需求、社交需求、尊重需求和自我实现需求。低层次的需求是满足人的自然属性的，如饮食安全等；高层次需求如社交、尊重与自我实现等属于人的社会属性的范畴。低层次的生理需求通过金钱等物质的激励即可满足，并能达到较好的激励效果；但是在高层次的社会需求层面，金钱、物质等发挥的作用十分有限，人才在企业工作不仅是为了获取收入，还要获得社交、尊重甚至是自我实现等更高需求的满足。企业应该把人才当成企业发展的宝贵财富，尊重员工的选择，了解并尽量满足人才需求，用科学的管理方式来引导员工发展，在满足人才基本需求的基础上，为他们提供更多实现自身价值的机会，这一方面是激励，另一方面是为创造性的发挥提供平台和可能。要通过引导和激励的方式让员工在发展中逐步实现自己的价值。[①]

　　改革开放以来，我国的民营企业发展速度很快，很多民营企业都是从个体企业转变而来，员工大都是家人、亲戚朋友等，在企业的发展早期阶段各方在亲情、友情等纽带的联系下共同工作，共同开创事业，我们称这样的企业为"家族式企业"。当然"家族式企业"并不是一无是处，它在企业发展早期阶段能够很快形成凝聚力，将所有人的力量汇集在一起，对于企业的集中发展有着重要的意义。但是，随着企业的不断发展壮大，各个方面的职能越来越细化，事务越来越繁杂，此时的管理就要向专门化、职业

---

① 王云峰：《浅析中西方营销模式选择的差异》，《经济师》2005年第2期。

化方向发展，就面临着引进专业人才履行专业的职能，家族式企业的局限性不可避免地暴露出来，成为阻碍企业进一步发展的重要障碍。早期企业靠亲情友情等人际关系来维系，此时企业的运转需要正规的制度来保证。在人才的更替上，依据的标准是能力能否胜任，而不是关系的亲疏远近。由于家庭成员在企业中占据重要的工作岗位，外来人员很难在企业中处于核心管理位置，也很难得到重用，即使他们十分有能力。这无疑将对人才工作和创造的积极性带来十分不利的影响，外面的人才难以进入，内部人才因为僵化人才制度的束缚也会慢慢流失。以国内知名的年广久"傻子瓜子"为例，"傻子瓜子"因邓小平多次在高层会议提及年广久并收入《邓小平文选》而闻名全国，号称"中国第一商贩"。早在1985年4月即跨入乡镇企业名特优商品行列，多次荣获全国食品展销会一等奖、全优产品金杯奖、全国最佳企业奖，并被认定为安徽省芜湖市著名商标、"重合同守信用"企业。特别是年广久于2003年被评为"中国改革之星"光荣称号。仅郑州傻子瓜子厂就被授予国家专利保护企业单位。但是众所周知的是，"傻子瓜子"是一个靠年广久家族发展起来的品牌，企业扩大之际，同样遭遇"转型之困"。在洽洽等其他后起之秀纷纷实现现代企业集约化经营的时候，年广久在与儿子之间进行的"傻子"商标争夺战中，错过了最好的发展机遇。

　　随着全球化的深入发展，人才对企业发展的作用越来越大，知识经济时代的到来对企业人才的要求也越来越高，人才成为提高企业核心竞争力的关键因素。虽然很多企业已经意识到人才对企业发展的重要性，也采取了一些相应的物质奖励和精神奖励政策，但从目前的人才重视程度上来看还很不够，人才管理还需进一步规范化、制度化。人才管理不仅是企业发展的重要事情，更是关系民族企业兴衰发展的重大事情。要想把人才管理的效率发挥出来，必须建立相应的人才管理体制。

二 人才积极性有待提高

人才既是管理学中的"社会人"，也是经济学中的"理性人"，在工作的过程中会不断地进行横向和纵向比较，往往会在对自己进行评价和认识的基础上，与其他企业的和自己交往比较密切的人以及与本企业的其他员工进行对比，从而对自己所从事的工作产生满意或不满意的态度。[①] 通常情况下，人们在对比中容易将自身的劣势与他人最优秀的方面进行比较，如此一来，容易形成一种自己各个方面都不如人的错觉。这种不对称的比较方式实际上并不是"理性"的，但是它客观上加重了企业人才内在的失衡，成为打击员工积极性的重要原因之一。

人才所处的宏观经济环境是导致人才对现实情况不满的另一个重要原因，但是这个因素是企业自身所不能控制的。以当前我国整体经济形势为例，经过改革开放30余年的发展，我国经济水平有了大幅度的提升，取得了举世瞩目的成就，但同时也累积了一些难以克服的内外问题。2008年全球金融危机之后，受国际经济、金融大环境的影响，国内经济增长也出现了放缓的迹象。此外，受科技进步及国际产业转移的影响，我国又面临着产业转型升级的重任。可以说，在这样的内外环境下，国内的很多企业在

---

① 邱冬阳、陈国华：《人才战略管理与企业竞争优势》，《现代经济信息》2009年第14期。

发展上是"不太好过"的，部分领域甚至出现了"很不好过"的情况，特别是人力资源密集型产业、低端生产制造业等，这些产业都发生了大规模的人力资源和人才资源的流动，通常是净流出。虽然从产业发展的角度看，产业转型升级终究能够带来更高的生产效率，在整体上是有利于经济发展的，但是从众多企业自身看，宏观经济环境的恶化十分不利于企业的维系和发展，它对企业人才流出的推动作用是十分巨大且不可抵挡的。如果员工对工作的满意度提高，会提高工作的积极性；如果员工对工作的满意度降低，消极怠工甚至离职的现象就会出现。

人才的流动是一个动态的积累过程，流失只是一个最后的结果，是对企业用人观念等方面综合评价的表现。要想防止人才流失，必须注重人才管理，把握好用人的每一个环节。当前企业在激励人才的理念以及方式方法上失当也造成了企业人才的外流，比较突出的就是待遇上的"平均主义"。"平均主义"坚持"公平"的价值取向，会让整个人才队伍处于一种稳定的状态，不会发生太大的波动；但是它的害处也是显而易见的，人才群体的产出效率是比较低的，如果企业长时间处于"平均主义"的指导之下，则更多的人的积极性会被打击。现代社会坚持公平与效率相结合的原则，在保证基本公平的前提下，要注重提升整体效率，企业实体本质上还是追求经济效益最大化的，对效率的追求无可厚非。在人才激励的方式和方法上，要将物质激励和精神激励结合起来，全方位地调动企业人才的积极性。人才的引进对企业来说已经有一定难度，人才的培养和发展更需企业付出很多精力，如果培养出来的人才流失到竞争对手那里将是莫大的损失，因此，从企业人才管理的整个流程来看，除了要在人才的引进和培养上多下功夫之外，还要在人才激励上重点着力。这个环节直接关系到人才的流出，好的人才激励能够充分调动人才的积极性，充分激发人才的聪明才智；坏的人才激励只会让人才的积极性受到打击，造成无可挽回的人才外流。

三 人才工作环境欠佳

以上从内部和外部环境角度分析了人才流失的主要原因，接下来从系统论的角度对人才流失的根本原因进行分析。人才流失的根本原因在于所处的现实工作环境与理想的工作条件存在很大差异，现实工作环境是人才所在企业的实际工作条件，理想工作条件是人才与外界进行信息交流后心目中的工作条件，理想与现实的这种差异可能因为人才对自己的价值认识存在较大偏颇，或者是对自身价值的实现程度认识不同，或者是和同类企业的其他员工相比所产生的心理不平衡，如果出现这种差异，人才就会对现状产生不满情绪，人才与现实工作环境就会产生冲突。[①]

如果这种冲突具有共性，通过集体的力量可以对规则进行修改进而消除不满；如果这种冲突只是个体行为，在个人和企业工作环境的冲突表现不是很强烈的情况下，人才在适当的时机会寻求内部解决途径；如果企业内部可以解决则会继续留在本企业；如果企业不能解决因人才固有的惰性特征大部分员工可能会选择从众，暂时忍受对现状的不满，对自己的不满情绪尽量压抑，这样将会使人才的工作效率下降；如果个人和企业所提供的工作环境冲突比

---

① 吴建平：《企业组织中社会团结的微观基础——组织变迁的社会过程》，东方出版社 2006 年版，第 201—213 页。

较激烈，人才会倾向于寻求其他途径解决，其他企业如果能为该员工提供较为优越的工作条件和令他满意的待遇，这时员工就会选择离开本企业。

从总体上说，人才流失的最根本原因是内因，外因是助推人才外流的重要因素。人才对自己所处的生活和工作环境的不满是其离职的重要原因，如果人才之间的关系不和谐，在工作中很难实现协调合作，不仅影响人才的工作积极性，更会影响工作效果。因此和谐的工作环境是保证人才工作满意度的重要前提。当然外部的诱惑也会对人才的流动产生重要影响，很多企业通过高薪、优化福利待遇等方法试图从一些企业中挖人才，一些对自身企业不满的人才很容易被挖走，特别是企业优秀人才的流失将会对企业造成很大损失。

第二节　企业人才管理的和谐度普遍较差

人才管理的和谐度对员工工作效率的提升具有重要影响，从我国目前企业的人才管理现状来看，人才管理的和谐度普遍较差，国有企业中的人才管理过于僵化，而且官僚主义作风较为严重；民营企业因大部分从个体企业转化而来，导致民营企业主缺乏人才管理经验，对人才的管理随意性较强，没有很好地发挥人才应有的作用。21世纪，世界已经进入知识经济时代，人才是生产力提高的最主要力量，知识性工作者是企业核心竞争力的关键所在。从调研情况来看，国内的一些知名品牌企业的企业和谐度相对较高，如H集团在2014年正月初八举行的新年团拜会上，

100%的老员工都返回参加活动,而且还加入一批新员工,H集团一直以来严格按照《劳动合同法》按期按质兑现对员工的各项承诺,员工的满意度也在95%以上。[①]

一 和谐人才管理的战略意图不明确

在知识经济时代,人才对企业的发展显得越来越重要,人才管理对企业绩效的提高也具有特殊重要的意义,但目前企业人才管理的和谐性相对较差,内部冲突时有发生而且大都没能很好地解决,和谐人才管理的战略意图非常模糊。[②]当然在企业发展的不同阶段,企业和谐管理的主题会发生变化,但从重要性上企业发展的战略意图应该有所侧重。从总体上看,企业的战略意图为获取更多的经济收益和社会效益,当前的情况主要是企业往往片面追求经济效益而忽视社会责任,往往为了企业的短期利益而不惜损害员工利益,破坏社会生态环境。和谐人才管理的核心是实现人与人、人与自然的和谐共赢,新经济增长理论更加强调人才管理对国民财富增加的重要性,企业家的战略眼光越明确,对人才的重视程度越高,越能使用尽量少的社会资源创造最大化的财富。舒尔茨认为人力资本投资是美国经济快速增长的决定性因素,也是美国企业核心竞争力提升的关键所在。[③]

和谐人才管理注重生产要素之间的相互作用,人是物质财富和精神财富的创造者,同时人是人才智慧的载体,

---

① 相关数据由笔者调研所得。
② 席西民、韩巍:《管理研究的系统性再剖析》,《管理科学学报》2002年第6期。
③ 席西民、韩巍、葛京等:《和谐管理理论研究》,西安交通大学出版社2006年版,第88—92页。

对自然界具有改造作用。如果人才管理的主要战略意图在于企业内部员工之间的和谐,就应该为员工之间和谐关系从工作环境和工作条件方面提供支持;如果人才管理的主要战略意图在于本企业与其他企业之间的和谐共赢,管理者则应通过谈判协商战略合作伙伴;如果人才管理的主要战略意图在于创造更多的社会效益,管理者就应该注重人与自然的和谐发展。当然企业的战略意图往往不是单一的,而是多种战略意图的综合表现,这时就要求管理者从战略发展的角度进行和谐人才管理。

随着经济全球化的深入发展,人才管理的和谐度对企业的发展越来越重要,在企业交流和信息高度共享的今天,企业的人才管理模式必须与国际接轨。从目前我国企业来看,与国际上知名的跨国公司之间的人才管理差距相对较大,虽然很多企业已经意识到人才战略管理的重要性,但具体措施还没有落实,致使很多人才流失到其他企业,甚至很多人才流失到国外企业。对企业来说,上至高层管理者下至普通员工,都应树立企业和谐发展的重要观念,管理者应为员工的发展创造良好的和谐环境,员工之间应该和谐共处共同为企业发展努力。

二 和谐人才管理的管理机制不完善

人才管理机制是和谐人才管理的制度基础,机制的不完善将会导致管理效能的下降。目前我国企业的人才管理机制普遍存在不完善现象,是制约企业绩效提高的重要制度因素。和谐人才管理强调员工积极性、主动性和创造性的发挥,人才管理机制则是对相应管理程序的科学设计和安排,对人与人、人与自然之间的关系和谐调节,充分发挥组织的力量达到提高绩效的目的。知识经济时代对人才管理提出了新的更高的要求，对知识型人才的管理更为复杂，主要涉及外部环境、组织和领导三大要素。[①] 国家的政治法律环境对人才管理具有重要影响，目前我国还没有实现真正的依法治国，各项法律法规尚不完善，执法必严、违法必究还没有完全实现，这给企业合法权益的维护带来一定困难。

法律法规也应该随着国际国内环境的发展变化而变化，如我国加入WTO之后逐步融入全球化的大趋势，国内法规与国际条约需要接轨，《劳动合同法》的很多内容需要修订。[②] 社会文化环境是人才管理体制形成的重要思想基础，员工的人生观、价值观、宗教信仰、教育程度等是管理机制设计所需考虑的重要因素。同时，企业人才管理机制的设计还需考虑社会经济因素、所处自然环境等，有些企业对自然资源的依赖性较大，有些企业对知识型人才的依赖性较大，在机制设计时需要有所侧重。在当代社会，企业的快速发展往往对知识型人才的依赖性更大，对知识型人才的有效管理是企业绩效提高、成功经营的关键所在。

随着依法治国的逐步推进，我国的社会主义市场经济体制不断健全和完善，但由于社会主义建立时间尚短，没有现成的经验可以借鉴，目前我国还处于社会主义发展的初级阶段，很多政策法规还需要进一步完善。从企业角度来讲，虽然我国企业的管理体制也得到一定程度的发展，

---

① 王琦、席酉民、尚玉钒：《和谐管理理论核心：和谐主题的诠释》，《管理评论》2003年第9期。

② 张向前：《人性假设与和谐管理系统》，《江淮论坛》2005年第1期。

但和市场经济的差距还很大,今后应该进一步加强企业和谐管理体制的建设。从我国企业和谐管理体制的现状来看,大部分企业都存在权责不清、产权不清晰等现象,规章制度不能和知识经济时代的发展相适应。大型的跨国公司和国际管理水准已经比较接近,中小企业管理体制需要进一步完善和发展,特别是在现有管理体制框架下应该加强和谐管理的因素。

三 和谐人才管理的目标不明确

和谐人才管理的目标应该是基于现行的企业环境,充分发挥现有人才的作用,吸引外部适合本企业发展的高层次人才,设定发展的战略目标和分目标,最终实现提高企业绩效的目的。改革开放后我国的经济环境发生了翻天覆地的变化,国有企业体制改革取得一定成效,但尚存在很多需要完善的地方,民营企业因其固有的弊端人才观念比较淡薄,对人才的重视程度不够或者是没有落实到实际工作中。[1] 企业对人才管理的战略目标阶段性划分和重要性区分不明确,应该在企业宏观战略目标的基础上根据发展阶段制定分阶段目标,并对同一阶段的目标根据重要程度进行排序,明确每个阶段所要解决的重要任务和核心问题。

在和谐人才管理的过程中主要使用"和则"和"谐则"两大工具,"和则"工具主要从员工人际关系的角度进行机制设计,偏重于管理人的策略和方法,是基于精神层面的管理。[2] "谐则"工具主要从组织发展的指导理论方

---

[1] 王方华、吕巍:《企业战略管理》,复旦大学出版社2006年版,第111—124页。
[2] 刘冀生:《企业经营战略》,清华大学出版社2000年版,第99—106页。

面进行方案设计，根据熵理论和最优决策理论等进行机制方面的管理。在实际管理中两种机制只有实现有机统一才能有利于和谐人才管理目标，把企业以"和"为主的活动和以"谐"为主的活动区别开来，比如在企业招聘人才的过程中，招聘规则可以借鉴运筹法进行决策，也可以使用主观预测法进行甄选；招聘方法可以使用面试的"和则"方法，也可以使用笔试的"谐则"方法。从我国企业人才管理现状来看，管理者对"和则"和"谐则"两大工具没有很好地区分，和谐管理的效果总体来看不佳。

目标的明确是进行和谐管理的前提，没有明确的管理目标就很难实现企业生产经营的高效率。从我国企业管理的现状来看，大部分企业存在目标不明确现象，对本企业的人、财、物无法实现高效率的利用，企业的员工的积极性还需要进一步提高，企业的资源存在没有充分利用的问题，企业的分配体制尚不健全，现存的平均主义无法调动员工的积极性和主动性，很多企业的管理者还没有和谐管理的意识，对于和谐管理目标的设定更是模糊。知识经济时代对和谐人才管理的要求相对较高，作为企业的决策者不仅要加强和谐人才管理的观念和意识，更要对和谐管理的目标进行明确，以便充分发挥本企业的比较优势，调动员工工作的积极性。

第三节 企业人才管理的营销意识欠缺

人力资源营销管理理论首先由琼斯（Jones，1986）提出，该理论把企业员工当作消费者，管理者通过使用营销手段来提高企业的经营业绩。2004年以后国内才有学者认识到该理论的重要性。从我国企业界来说，人才管理的营销意识还是一个非常新的概念，在现实管理实践中很少使用，这与我国的市场化改革程度密切相关。根据笔者调查的情况来看，一些大型企业如 HR 集团、HX 集团、FZ 集团、HW 集团等具有较强的营销意识，能够主动从市场中进行人才的挖掘，但中小企业的营销管理意识普遍较差。

一 人力资源营销管理的作用不明确

目前我国的大部分企业还没有意识到人力资源营销管理的重要性，对人力资源营销管理还没有明确的认识。人力资源营销的主导部门是企业人事部，和其他职能部门是一个双向的消费过程，不同职能部门的人才消费习惯存在很大不同，人力资源营销主要是通过相应措施把职能部门的消费习惯向良性循环发展，进行科学合理的人才开发，使企业的知识存量持续增加、知识结构不断优化，特别是对于知识型和技术型的产业，人力资源的营销管理更为重要。改革开放初期我国企业的发展主要是靠设备和厂房的投资获取核心竞争力，知识经济时代人力资源将会是企业竞争优势的集中表现，虽然我国企业的发展速度很快，但是企业的起步较晚、发展程度较低。[1]

《国家中长期人才发展规划纲要（2010—2020年）》将人才定义为："人才是指具有一定的专业知识或专门技能，进行创造性劳动并对社会作出贡献的人，是人力资源中能力和素质较高的劳动者。人才是我国经济社会发展的

---

[1] 李群：《中国人才发展量化分析与预测》，载潘晨光编《中国人才发展报告 No.1》，社会科学文献出版社 2004 年版，第4—6页。

第一资源。"同时对人才的作用进行了阐释："在人类社会发展进程中，人才是社会文明进步、人民富裕幸福、国家繁荣昌盛的重要推动力量。当今世界正处在大发展大变革大调整时期。"在市场经济条件下人才有了新的含义：首先，人才不是一般意义上的劳动者，他们有着专业的知识和技能，能够在生产活动中带来更大的收益，他们创造的价值不是一般劳动者所能比拟的，具有很高的附加值。其次，在知识经济时代，人才对企业发展的价值比传统的劳力、资本等生产要素要大得多，劳动密集型和资金密集型企业着重依靠的是大量的劳动力和密集的资金，而知识经济时代企业更多地倚重人才的知识、技能和创造力的发挥，企业需要有高度密集的智力资源。

改革开放以后我国逐步承接国外生产制造产业，在国际分工中扮演"世界工厂"的角色，中国制造行销全球。众所周知，生产制造类是比较典型的劳动密集型产业，它需要大量的、廉价的、对专业技能和知识水平要求不高的劳动力，这些劳动力就是传统意义上"人力资源"的一部分。我国作为人口大国，有着十分丰富的廉价劳动力资源，顺应时代发展潮流，我国在生产制造业领域取得了巨大的成就，经济水平有了很大的提升。但是，随着国际分工的持续推进，人力资源成本的步步攀升，以及经济转型的深入，我国的众多企业在低端生产制造领域已经不具备优势。知识经济时代，创新和创造成为新的主题，"人力资源大国"要向"人才资源大国"转变，"人力资源"理念也要向"人才资源"理念升级。但是，从目前我国的现实情况来看，普通"人力资源"供过于求，"人才资源"却供不应求。人才资源的短缺成为制约企业发展的"短板",企业竞争力的提升受到很大阻碍。我国很多企业在对什么是"人才"的认识上还比较浅显,认为只有会某种"手艺"或"技术"的才是人才,其他的都不是人才;只有最高级的"人才"才是人才,其他的都不是人才。这种观念上的偏差使对人才的态度也发生了偏差,集中表现在物质激励的平均主义和精神激励的忽视。对人才的物质激励和精神激励是防止人才流失的重要手段,通过精神激励有利于形成共同的价值观,增强对企业文化的认同。

随着经济全球化的深入发展,知识经济时代对企业营销的要求越来越高,传统的"酒香不怕巷子深"的观念已经过时,在目前这个知识爆炸的年代,如果没有良好的营销意识,很容易被时代淘汰。很多国际大型企业非常注重自身品牌的构建和维护,通过各种手段宣传本企业的产品和服务。但从目前我国企业的发展现状来看,品牌营销的意识比较淡薄,没有充分认识到营销管理对企业发展的重要作用,营销还缺乏针对性。随着时代的发展,人才对企业的作用越来越大,没有良好的人才企业就很难得到长远发展,因此人才的竞争是企业竞争的关键所在,人才营销管理也是现代管理的核心所在,不仅要充分挖掘本企业的现有人才,而且对社会上的人才也要加以利用。

二 人力资源营销管理的人才市场细分不精确

这里使用市场营销学的概念把企业的人力资源称为市场,企业的人力资源部门要把自己的营销对象进行市场细分,并根据不同的市场类型提供差异化的服务。从我国企业的人力资源现状来看,营销管理的概念淡薄,更谈不上对人才管理进行市场细分。① 人力资源营销是一种相对封闭行为，对本企业来说具有较大的主动性，而对外部企业来说无法进行干预。企业的一线员工、部门经理以及董事会成员等都是营销管理的子市场，不同子市场的核心需求存在很大不同，需要有针对性地制定相应的人才管理战略。

人才是一种"稀缺资源"，因此人才市场的竞争是一种"零和博弈"，市场竞争中企业将会在人才方面与各个企业进行争夺，竞争企业吸引的人才较多本企业的人才就会相应减少，通过以个体需求为导向构建人才战略管理，发现并引进本企业所需人才，其具体形式可以是自主培养、招聘或借用等，加强企业内部和外部人才资源的交流，实现提高企业绩效的目的。② 特别是对于快速发展的企业而言，人力资源营销具有至关重要的作用，企业的迅速扩张需要及时补充企业所需人才，尤其是对高层次人才的需求非常紧迫，企业必须树立人才营销管理的理念，对人才市场进行更为精确的细分，从外部获取更为充分的人力资源。

随着知识经济时代的到来，人才市场出现较为明显的新特征，人才市场越来越细化，社会分工越来越明确，专业化特点越来越突出。但从我国人才市场的现状来看，很少对人才进行较为明确的细分，分类比较笼统，导致企业招聘的人才不能胜任所分配的工作。人才市场的大类分法虽然涉及面较广，但会导致人才不能适应所分配岗位的现象。每个人所

---

① 潘晨光、娄伟：《人才形势与发展环境分析》，载潘晨光编《中国人才发展报告No.1》，社会科学文献出版社 2004 年版，第 451—458 页。
② 张德、王玉芹：《组织文化类型与组织绩效关系研究》，《科学学与科学技术管理》2007 年第 7 期。

接受的教育和培训都有一定的专业领域，正所谓"隔行如隔山"，人才的跨领域工作当然无法充分发挥人才的作用。很多企业拥有很多人才，但由于没有人尽其才、才尽其用，出现人才浪费的现象。只有把人才的作用充分发挥出来，合理配置本企业的人力资源，加强人力资源的营销管理，才能提高企业效率。

三 人力资源营销管理的创新能力较差

人力资源营销在企业决策中是一种"工具"角色，随着内外部环境的不断变化营销管理模式也应相应调整，企业人才的招聘、甄选、培养和使用都应随着内外环境的变化不断创新。从我国企业人力资源营销管理的创新现状来看，创新能力普遍较差，大部分企业都遵循一成不变的管理模式，缺乏对现实情况变化的把握，人力资源管理的"自我完善"意识较差。[1] 根据企业规模的大小人力资源营销管理创新也应有所不同，对于中小企业来说，主要应该侧重于"满足本企业人力资源个体需求"，为企业内部的不同营销对象提供差异化的服务，而对于企业外部来说则应重点关注人才市场的竞争。我国目前的中小企业大都是从个体企业私营企业转型而来，在差异化服务的提供方面非常欠缺，无法适应当前市场竞争的需求。[2]

有部分大型企业具有较强的国际竞争力，但是大型企业以国有企业为主，国有企业管理体制虽然进行了相当长时间

---

[1] 王思峰、林于荻、陈禹辰：《组织文化如何影响知识分享之探索性个案研究》，《台大管理论丛》2003年第2期。

[2] 朱洪军、徐玖平：《企业文化、知识共享及核心能力的相关性研究》，《科学学研究》2008年第4期。

的改革，但是传统的管理思想依然存在，员工的竞争意识普遍较差，对员工的激励机制设计不甚合理，难以激发员工工作的积极性，人力资源营销管理创新的核心应该是员工积极性激发模式的创新。知识经济时代对创新的要求越来越高，创新能力是决定一个企业国际竞争力的重要指标，没有创新的企业在现代国际社会无法立足，更不用说快速发展。企业创新能力的基础是人才，一个企业只有拥有了适合本企业的人才，才能有源源不断的创新能力，才可能在国际社会立足。从目前我国企业的创新力来看，普遍存在创新能力较差的现象，特别是中小企业。从企业管理角度来看，很多企业还没有树立营销管理的意识，尚停留在传统的管理模式之下，营销管理的创新意识还没有培育出来，随着全球化的深入发展，对营销管理的创新能力提出越来越高的要求，我国企业不仅要学习国内大型企业的先进管理经验，更要注重在营销管理创新方面与国际接轨，与国际企业同步发展。

第四节 企业人才管理难以适应知识经济的挑战

人才资源是企业人力资源中优秀的部分，对企业的发展和民族的兴衰具有至关重要的作用。21世纪已经步入知识经济时代，对人才的需求量越来越大，对人才的质量要求越来越高，人才对知识经济时代的推动作用前所未有，人才管理的重要性在知识经济时代显得异常重要。根据笔者的调研，一些大型的集团企业应对知识经济的挑战做出了一定的努力，而一些中小企业应对知识经济的挑战能力和意识均较差。

一　企业人才管理对知识经济驱动力的认识普遍较差

人才是知识经济非常重要的驱动力，目前我国的人才数量较少，高素质的人才更是短缺。在知识经济时代，知识与经济之间的关系越来越密切，人才是知识的重要载体，是经济运作的核心所在，也是知识经济的直接推动者。从企业发展战略角度来看，企业对人才的依赖程度越来越大，要想实现企业的快速发展必须以拥有高素质的人才团队为基础、先进的人才管理模式为条件。[①] 人是物质文明和精神文明的创造者，人才是知识经济快速发展的驱动力，对知识经济化发展的推动作用异常重要，人才创造力的发挥和对知识的开发具有巨大潜力，可以为人类文明的发展、经济不断的进步提供内在动力。

从我国企业的人才现状来看，人才的创造力相对较差，管理模式僵化，难以实现人才管理的创新。[②] 随着信息技术的快速发展，计算机和网络在人类生产和生活中作用愈益重要，知识的检索、信息的储存与记忆、大数据的计算等都需计算机来完成，掌握计算技术的人才是企业的普遍需求，人才管理的计算机化也对管理人员提出新的要求，不只技术人员要懂计算机技术，管理人员也需具备一定计算机技术。企业现有管理团队中年龄偏大的管理者的计算机知识相对缺乏，很多不会使用或者不习惯于使用计算机，人才管理的年轻化、现代化和知识化是今后的发展趋

[①] 沈其泰、黄敏萍、郑伯埙：《团队共用心智模式与知识分享行为：成员性格特质与性格相似性的调节效果》，《管理学报》2004年第5期。
[②] 曹科岩、龙君伟、杨玉浩：《组织信任、知识分享与组织绩效关系的实证研究》，《科研管理》2008年第5期。

势。在经济转型的压力之下，产业也随之转型的，最后反映到企业上是企业也要转型，企业的转型要靠企业战略的指导，但是这个战略能否实现还要看人才结构是否合理，能不能支持转型。如果本企业人才数量足够的话，那么这一批企业内部的人才就要进行知识结构和能力的提升；如果本企业内部人才不足的话，就需要积极地从外部引入更符合企业发展的人才，以支撑企业转型与发展。但是我国大多数企业的人才管理却与实际的需求有很大的出入，体量较大的企业有着较为丰富的人才资源，但是这些人才在能力结构、知识结构和综合素质上已经跟不上时代，又没有充分的动力和紧迫感去更新知识结构和能力结构，这就导致人员流动率非常大或者流动率低企业发展遭遇十分明显的短板。再有就是企业对人才本质的认识有偏差，招聘到的人员不符合实际需要，在对人才的态度上不能正视人才的价值，激励理念、激励方式不能有效留住人才并激发他们的积极性和创造力，企业同样面临转型之困。企业人才能力固化、企业人员流动性低、企业人才管理机制松散等原因直接导致人才数量和质量达不到驱动公司发展的要求。

知识经济时代对人才管理提出新的要求，人才在知识经济时代对企业发展的推动作用也会越来越大，只有正确处理二者之间的关系才能提高企业的核心竞争力。从我国企业的发展现状来看，很多企业还未能适应知识经济发展的要求，无论从人才的拥有量还是人才的使用效率上都远未达到知识经济时代的要求，不仅对人才使用效率较低，而且存在很严重的人才流失现象。企业的人才管理要适应时代发展步伐，为企业的发展服务，只有实现人尽其用才能提高企业的核心竞争力，才能在国际社会上有一定的地位。从企业的管理者来看,根据在青岛海尔集团的调查数据,企业高层已经充分认识到人才管理的重要性,但中层及以下管理者对知识经济时代企业对人才的要求还存在较为模糊的认识,没有充分意识到人才管理对企业发展的特殊意义。

二 企业人才管理的信息化程度较低

随着现代科技的快速发展,企业的信息化程度越来越高,这对企业人才的信息化管理也提出了新的要求,传统的管理模式已经越来越不能适应信息化的发展。我国现有大型企业的人才管理信息化程度相对较高,但与先进国家相比还有很大差距,而且信息化管理的制度尚不完善。中小企业由于资金等方面的原因,信息技术的效率较差,很多企业还停留在手工记录或计算机的单机软件应用层次,人才管理的信息化管理程度普遍较低,因此提高企业人才管理的信息化管理程度将会是知识经济时代一项非常重要的任务。

企业从原材料的采购、生产加工、销售及售后服务等环节都对信息化提出较高要求,所有环节都需要信息化管理,企业人才管理的信息化管理贯穿于产品的整个生命周期。[1] 只有站在新的信息管理的前沿,实现企业信息的共享共联,对有用信息进行分类、汇总、分析并形成有价值的政策,构建高效、规范、科学的人才管理模式,利用信息化的管理手段推动企业发展,才能在激烈的市场竞争中占据有利地位,应对全球化的挑战。同时,中国企业还应

---

[1] 林义屏:《市场导向、组织学习、组织创新与组织绩效间的关系研究——以科学园区信息电子产业为例》,博士学位论文,中山大学,2001年。

借鉴发达国家先进的人才管理经验，提高自身的信息化管理水平。

知识经济时代的重要特征是对企业信息化的要求提升，从笔者在青岛市企业调研的现状来看，一些大型企业已经基本实现信息化管理，如 HR 集团、HX 集团等人才管理的信息化程度很高，已经接近国际先进企业。但是中小企业的人才信息化管理普遍较差，人才库的信息存在很严重的滞后现象，从企业的调研来看，有些企业的人才库信息还是 2000 年的，员工已经离职或升迁人才信息库仍然显示在职或在原来职位，信息的更新速度很慢。这在很大程度上阻碍了企业国际化的发展步伐，企业管理者要充分认识到知识经济时代信息化管理的重要性，并积极引入信息化理念和工具，改造企业的人才资源管理模式。

三　企业管理人员素质不能适应知识经济要求

知识经济时代对人才管理提出新的要求，但目前我国企业管理人员素质还不能适应知识经济发展的要求。这与我国传统教育的缺陷存在很大关系，传统高等教育专业设置不合理，只关注本专业内部狭窄的知识面，对其他专业的知识基本不会涉及，对基础性的知识也不涉及，这就导致学生知识结构非常单一，且应用起来比较困难。在教学方式上，学校一般采取灌输式的教学方法，这种教学方式从小学持续到初中、高中甚至大学，学生在课堂上只是充当被动接受知识的角色，老师在课堂上从头讲到尾，学生的主体地位很难发挥，这就导致学生渐渐失去自主思考的能力，没有创新的意识，最终导致所培养的人才知识面窄且缺乏创新能力，只有僵硬的知识，没有实实在在思考问题、解决问题的能力,知识结构单一,通用型、复合型人才十分缺乏。①

从人才资源的密度来看,随着每年国内高校学生大量毕业,各级专业人才的数量逐年递增,但是由于我国的人口总量也非常大,人才增加的幅度并不显著。数据统计显示,2014年我国的人才密度仅为6.1%,企业管理人员的密度更低,这样的人才密度远不能支撑企业发展,更无法充分满足经济发展的需求。从层级分布上看,以科学家、工程师为代表的专业性强、水平高的高级人才、创新型人才较少,中低水平人才的比例相对较大。

从人才资源的结构上看,出现严重不平衡的现象,特别是经营管理、律师、国际贸易等行业的人才非常短缺,事业单位的人才相对集中、企业里的人才相对短缺,这与发达国家形成鲜明的对比。以博士研究生群体为例,做基础理论研究的博士生在整个博士生中的比例不到1/3。人才队伍断层现象也非常严重,30—40岁的青年人才比重很低,青年人才是科学研究以及创新创造的主力军,中青年人才的低比例是部分行业、部分领域发展乏力的直接原因之一。知识经济时代对复合化、多样化、专业化人才的需求强烈,现有的教育体制以及人才发展体制很难满足这一要求,再加上社会主义市场经济体制还不完善,人才流动和流失现象较为严重,职位变换速度加快,人才的职位适应能力却非常有限。②

---

① 谢洪明、刘常勇、陈春辉:《市场导向与组织绩效的关系:组织学习与创新的影响——华南地区企业的实证研究》,《管理世界》2006年第2期。

② 付衡宇、余坤东、郑雅嫔、周贞慧:《航运业之组织文化、知识分享与组织创新关系之研究——以知识类型为干扰变数》,《航运季刊》2007年第4期。

根据笔者在 HW 集团的调查数据，截止到 2015 年 12 月 31 日，HW 集团管理层的学历分布分别为：研究生学历占 8%，本科学历占 16%，大专学历占 40%。从调查数据可以看出，在大型企业中管理者的学历层次也相对较低，很难满足信息化管理的要求，很多中低层管理者对计算机的使用还不是很熟悉，特别是在计算机更新速度加快的今天，学历低年龄大的管理者对软件的更新及使用很难跟得上。从中小企业的调查数据来看，管理者中约 80% 的人员属于大专及以下学历，这样的学历层次很难适应知识经济发展的要求。[①] 因此，总体来看，我国企业管理者的信息化管理能力相对较低，要想提高企业的国际竞争力，企业的信息化管理水平必须跟上，只有提高企业管理者的信息化管理水准，才能有效利用本企业所拥有的人、财、物等资源，提高企业的工作效率和经济效益。

第五节　企业人才管理体制不完善

邓小平曾指出：科学技术是第一生产力。当前国际社会的竞争非常激烈，竞争的核心是科学技术力量的竞争，从根本上来说是高素质人才的竞争，而人才管理体制是人力资源开发和人才创新能力提升的重要保障。[②] 随着我国改革开放的深入发展，人才管理体制改革也取得很大成效，但是从现有的企业人才管理体制来看，还存在很多需

---

① 相关数据为笔者调研所得。
② 杨玉浩、龙君伟：《企业员工知识分享行为的结构与测量》，《心理学报》2008 年第 3 期。

要完善的地方。特别是一些偏远地区的企业，人才管理体制依然是20世纪80年代的传统管理模式，"大锅饭"现象依然普遍存在，无法激发员工的积极性和主观能动性。

用好人才是企业人才资源管理的中心环节，只有打破企业组织人才发展的观念和体制机制障碍，才能最大限度地激发企业人才的积极性和创造力，使各类人才"才有所用"、"各尽其能"，才能从整体上提升企业的竞争力。从国内人才发展体制机制的整体来看，发展以人为本的格局尚未形成，具体表现在以下几个方面：一是人事制度改革尤其是事业单位人事制度改革不到位，人才为单位和部门所有现象仍然存在，人才的主体地位还没有真正确立，人才市场体系和人才公共服务体系不发达，市场对人才配置的基础作用还没有得到充分发挥，政府宏观调控、市场监管和公共服务不到位。二是"官本位"、行政化倾向仍普遍存在。缺乏科学的、符合各类人才特色的评价与激励制度体系，人才评价与激励的业绩、贡献和能力导向作用不足，进而使得发展需求导向作用不足；人事制度改革不到位，人事制度的兼容性不强，人才培养与经济社会发展需要脱节，人才引进功利性明显，对其基本权益、基本需求和基本保障力度不足。三是人才发展投入的优先地位还未确立。首先是国家对人才发展的投入不足，2007年国家财政性教育经费占GDP的比例仅为2.86%，低于世界平均水平，R&D经费占GDP的1.49%，而绝大多数国家都在2%以上。其次是市场对人才投入的基础性配置作用尚未有效发挥，非政府投入的积极性不高。[①]

---

① 吴江：《坚持以用为本方针 创新人才体制机制》（http://www.rky.org.cn/c/cn/news/2013-07/17/news_14281.html）。

在这样的人才体制机制背景之下，企业要想构建、完善自身的人才体制机制，需要从经济社会发展的实际出发，以自身人才管理战略为方向，积极融入人才发展体制机制改革的浪潮，顺应时代变化，积极寻求企业人才管理体制机制改革的可行路径。

一　现有管理体制制约人才流动

人才管理体制的改革使人才流动逐渐频繁，人才市场的活跃度逐步提高，但是从全国来看，很多地方的人才管理体制僵化，对人才流动起着制约作用。比如人才的考核使用及升迁降职等行政色彩很浓厚，人才流动的主动权缺失，人才对行政部门的依赖性很强，编制制度约束了人才的流动，企业干部的终身制使高学历、高能力的人才很难进入公司高级管理层，造成人才大量浪费。[1] 人才管理的"条块分割"现象较为严重，人才流动要涉及诸多环节，比如住房、医疗、子女就业、社会保险等，一个环节出现问题，人才流动就会受到很大障碍，制约了人才结构的合理化发展，出现"用非所长"的人才管理现象。

人才流动过程中如果发生个人和流动单位之间或个人之间的纠纷，现有管理体制没有相应的权威仲裁机构进行调解，也没有相应的法律法规对人才的相应权益进行保障。[2] 从地区分布格局来看，东部地区经济较为发达，中西部地区相对落后。东部地区在人才引进方面能够给予较

---

[1] 蔡启通：《组织因素、组织成员整体创造性与组织创新之关系》，博士学位论文，台湾大学，1997年。

[2] 侯杰泰、温忠麟、成子娟：《结构方程模型及其应用》，教育科学出版社2004年版，第88—95页。

为优惠的政策和充裕的资金支持，对人才的吸引力较强；而中西部地区在人才引进方面的优惠政策力度相对较小，也不能拿出具有竞争力的薪酬待遇，对人才的吸引力不强，因此大部分人才集中分布在东部沿海地区，欠发达的中西部地区对人才的需求更为迫切，人才却不能向这些地方流动。东部地区出现人才积压，中西部地区人才奇缺，人口分布的结构很不合理。

人才的合理流动能推动企业资源的优化利用，人才流动包括企业内部的人才调整以及企业间的人才流动。企业内部的人才调整是企业优化人力资源配置的重要体现，从目前企业体制来看，笔者所调研的企业没有一个可以实现人才能上能下的人才管理模式，绝大多数企业是人才能上不能下，即员工升任到某一职位后不可能下来，直到退休其他有能力的员工才能递补上去。从人才的外部流动来看，现有的管理体制也设置了诸多障碍，比如员工的档案户口、子女上学等各种问题，人才流动到其他更适合自己发展的岗位上的机会成本太大，原有企业不能提供给档案，员工就很难到国有企业单位就业。当然对于个体企业和私营企业来说，这方面的限制相对较小，从社会的整体发展趋势来看，公共部门、企业管理者应该合力为人才的合理流动创造条件。

二 人才管理体制受传统观念影响较深

中华民族有着5000多年的文明史，在长期的发展实践中也形成了相应的管理文化，在人才管理方面积累了丰富的经验，比如"以人为本"、"以德服人"、"任人唯贤"等都是中华民族传统文化的精华，在人才培养、人才选拔、人才使用等方面发挥了积极作用。但是几千年的封建集权体制存在很多消极的传统观念，比如"任人唯亲"、"一人得道，鸡犬升天"、"说你行，你就行，不行也行；说你不行，你就不行，行也不行"等现象普遍存在，大大挫伤了人才的积极性，阻碍了人才创造性的发挥，人才脱颖而出的难度增大，这是当前人才管理体制的弊端所在。[①]人才的评价、任用和流动的重要依据是个人的真实能力和道德水平，而不是关系、背景、资历、年龄等因素。传统观念中消极的地方都是认为关系、背景、资历、年龄等是影响人才职位升迁的主要因素，并在某种程度上鼓励人们运用这些因素为自己的谋职、升迁增加砝码。当人才流动、任用的依据不再是人才本身的价值，而是外在的、与人才能力无关的因素时，"人才"就失去了应有的意义，"人才"就成了物化的要素的代名词，它并不能创造实绩，而真正的人才被埋没，形成了"逆向淘汰"。

从人才的学科结构上来看，受传统观念的影响，人们对当前利益的重视程度远高于长远利益，一些学科出现"青黄不接，后继无人"的现象，比如历史学、考古学、哲学等传统学科报考人数逐年减少，金融、会计、外语等应用型专业却是报考人数逐年激增，国家在教育政策导向的引导上还比较欠缺，不能从制度的层面对人才的培养进行战略性的指导。要想解决未来的人才问题，人才管理体制改革是重中之重。由于现有的管理者大多年龄较大，受我国传统管理思想的影响较深，在人才管理过程中不免留下传统人力资源管理的烙印。随着知识经济时代的到来，

---

① 卢美月、张文贤：《企业文化与组织绩效关系研究》，《南开管理评论》2006年第6期。

人力资源管理的新思想、新观念层出不穷，管理者应该注重吸收新的管理思想和管理观念，不能墨守成规，否则将会阻碍企业的发展。从河南省企业的调研数据来看，高层管理者中50岁以上的占80%，45岁以下的年轻干部所占比例不到10%，这种年龄结构在一定程度上阻碍了企业的发展。

三 人事制度和职称制度制约人才发展

改革开放后我国的人事制度虽然进行了一定程度的改革，但改革的力度并不大，在人事管理方面依然沿袭传统的管理模式，管理方式单一，干部没有压力、缺乏动力，"论资排辈"、"终身制"、"拉关系、走后门"等现象大量存在，种种原因都给人才的发展造成很大障碍。从职称制度来看，1992年之前我国实行评聘结合的"单轨制"，员工评职称的压力很大，当时的职称评聘条件不利于人才脱颖而出，通行的做法是根据工作年限进行评聘。[①] 1993年以后我国开始实行职称评聘分开的"双轨制"，这一改革在某种程度上提高了人才脱颖而出的概率，但是在职称评审过程中的"外行评内行，杂家评专家"的现象不利于人才的发展。

社会主义市场经济体制的建立和发展为人才提供了良好的发展机会，是企业人才管理的一次革新，但是由于社会主义市场经济体制建立时间还不长，还存在很多需要进一步完善的地方，受计划经济的影响尚未彻底消除，人才市场往往只是个空壳子，人才招聘的手续复杂，人才交流

---

① ［奥地利］约瑟夫·熊彼特：《经济发展理论》，商务印书馆2000年版，第86—90页。

中心的服务职能缺乏，行政色彩浓厚，导致实际流动的人才很少。从企业的职称评聘方式来看，存在严重的"论资排辈"现象，工作年限是衡量员工贡献的重要标准，职称的晋升方式存在较为明显的主观现象，能不能晋升和领导的态度有很大关系，这样很容易忽略有能力的人才，一些和领导关系好或者在平时比较喜欢表现的员工往往有更多的晋升机会。

笔者在 Z 省和 S 省调查情况显示，两个省份的人事制度和职称制度存在明显的差别：Z 省的企业人事制度比较灵活，人才的流动限制较少，有能力的年轻人很容易晋升到领导岗位，而且人才有很强的活力。S 省企业的管理体制相对落后，人才的流动受到很大限制，无论是从程序上还是效率上，一个人才的流动至少需要一年以上的时间才可能办好相应手续，否则就无法在其他企业工作，在职称评聘方面受传统管理模式的影响较大，年轻人在职称晋升时不占优势，只有达到一定年限才可能晋升到一个较高的级别。从中国企业的整体来看，无论是人事制度还是职称制度都相对落后，和国际大型企业存在很大差距，在很大程度上制约了人才的合理流动，这种体制阻碍了人力资源的优化配置，不利于企业国际竞争力的提升。

第六章

走向人才战略管理的建议

根据笔者在 HQ 集团的调研，由于面临市场激烈的竞争，HQ 集团公司业绩逐步下滑，财务亏损，企业为了节约成本采取压缩工人工资的方式，引起员工强烈不满，公司离职率高达 40%。[①] HQ 集团不仅薪酬福利待遇不能让员工满意，而且没有积极向上、同舟共济的企业文化。如何采取合理措施加强企业人才管理在此时变得尤为重要。随着知识经济时代的深入发展，人才管理在经济发展中地位越来越重要，但由于我国社会主义市场经济体制建立时间不长，存在很多需要进一步完善的地方，现阶段如何针对我国人才管理存在的问题提出相应解决措施，是充分发挥人才潜力、促进企业发展和经济增长的关键所在。本章根据笔者调研过程中发现的企业人才战略管理存在的问题提出一些可操作性的政策建议，以期为我国企业人才战略管理的发展做出贡献。

---

① 相关数据由笔者调研所得。

第一节　多种方式吸引并留住人才

人才是企业在激烈的市场竞争中获取优势的关键所在，人才管理是人才潜能发挥的重要因素，应通过设计科学合理的人才管理体制，营造良好的人才环境，吸引并留住人才。知识经济时代人才的流动性增强，引进人才为企业的发展增添新的活力是一件好事，但关键岗位人才更换频繁也会为企业的发展造成困难。"人人是人才，赛马不相马"的海尔集团的人才观为员工的发展提供了一个公平竞争的平台，也是吸引员工的重要文化因素。"市场无处不在，人人都有市场"的市场观念更是为员工的发展指明了前进的方向。

一　以文化留住人才

文化留人相对于高薪留人来说有着独特的优势，薪酬的提高必然增加企业的成本，还可能被其他企业用更高的薪酬把人才挖走，而员工对企业文化的认同可以从思想观念上把人才留住。每个企业都有自己独特的企业文化，企业文化是企业核心价值观的重要表现，可以使员工形成相对一致的思维方式及一整套观念，引导员工向组织的特定目标发展。关心人、尊重人、重视人是企业文化的最基本内容，为人才提供良好的成长环境、帮助员工实现人生价值是留住人才的根本所在，也是企业的成功之本。[1] 很多

---

[1] 傅家骥：《技术创新学》，清华大学出版社2001年版，第32—40页。

员工是因为对公司的文化有强烈的认同感,才会更加努力地工作。

企业文化对员工的影响是潜移默化的,强有力的企业文化可以形成共同的习惯势力,共享企业信息,提高认同感,降低企业的交易成本,只有形成积极向上的价值导向的企业文化,并使优秀人才对企业文化产生依赖,才能留住人才的"心"。[①] 如 IBM 规定的"行为准则",公司所有员工都非常熟悉,对企业的发展具有至关重要的作用;HR 文化中的"斜坡球"理论、"看板生产"、"日事日毕,日清日高"等大大提高了人的责任感,为企业的开拓创新、国内外市场的拓展提供了坚实的思想基础。这种充满活力的企业文化得到员工的普遍认同,是留住人才的关键因素。

根据笔者对 HR 集团调研看,企业文化是强有力的软实力,要想把员工留下没有企业文化的认同感是很难做到的。HR 集团作为国际知名的大型跨国公司,员工对公司的忠诚主要来源于对集团文化的认同。比如 HR 集团一直坚持"人人是人才"、"赛马不相马"的用人原则,为员工搭建了一个平等竞争的平台,可以使真正有能力的人才脱颖而出,为人才的成长和发展创造一个良好的环境。HR集团一直坚持"每个人都有一个市场,每个人都是一个市场"的理念,HR 集团员工一直认为"千里之行始于足下,世界名牌始于日清"。HR 集团之所以成为世界名牌和其深厚的企业文化有密切关系。

---

① [美] 兰斯·戴维斯、道格拉斯·诺斯:《制度变革和美国经济增长》,剑桥大学出版社 2002 年版,第 113—120 页。

二 以事业留住人才

根据马斯洛的需求层次理论，人的需求是有层次的，只有较低层次的需求满足后才能产生较高层次的需求。企业人才的需求处于较高层次，追求的重点不再是纯粹经济利益或者物质待遇，他们会更多地寻求自我价值的实现，因此为有潜力的青年设计职业发展道路，提供事业成功的机会，对人才会具有较强的激励作用。企业不仅要从长远的发展规划角度为人才的发展提供机会，更应在日常的工作管理过程中充分授权，提供相应的政策支持，让员工对企业产生较强的认同感并投入更多的精力为企业服务。[①]

企业在人才管理中要重点抓住 20% 核心员工的需求所在，这些人虽少但对企业的发展贡献度较大，是企业发展不可或缺的重要资源。要让这些核心员工参与到企业发展计划的制订过程中，使其把企业的价值和自身价值有效结合起来。有些员工可能喜欢挑战性工作，通过工作轮换可以为其提供不同性质的工作岗位，这种方式可以丰富员工的工作内容，降低工作的枯燥感，扩大员工的技能范围。当然这种工作轮换需要相应的职业培训，企业应该重视人才的职业培训，在知识经济时代知识的更新换代速度非常之快，没有及时的职业培训很难使员工跟上时代发展的步伐。

为员工提供一个事业发展的平台是留住员工的重要手段，员工特别是企业的人才都希望能在自己所在的企业创

---

① 李必强：《20 世纪的企业管理创新》，《武汉理工大学学报》（信息与管理工程版）2002 年第 6 期。

造一片天地,如果企业可以为员工的发展创造一个良好的环境,员工感觉在企业的发展能实现自己的人生价值,将会非常乐意为企业服务。反之,如果员工感觉企业不能为其提供一个良好的发展环境,就会大大挫伤工作的积极性和主动性,在这种情况下,外部良好的发展条件将会对其产生较大的诱惑力,在外力的推动下就会出现员工流失的现象。因此,通过事业留住人才是防止人才流失的重要方法,很多大型企业都采取这样的方式。

三 以感情留住人才

中国的员工非常注重感情,特别是知识分子,自古以来就有"士为知己者死"的说法,如果管理者能从感情的角度来对待人才,将会使优秀员工全心全意为企业服务。[1] 霍桑试验认为企业中存在非正式组织,非正式组织对企业的发展既会产生积极的推动作用,也可能产生负面效应。通过加强员工之间非正式的交流与合作,增强员工之间的友谊,可以更好地发挥非正式组织的积极作用。管理者对员工的管理应以信任为前提,通过感情管理相互取得信任,能够减少工作中很多不必要的麻烦,提高企业的工作效率。

在企业人际关系处理方面,美国通用电气公司的总裁斯通认为"企业人际关系应该适当保持距离",关系亲密者的密上加亲的行为效果并不好,斯通认为自己和企业的高管平时接触太多,在非工作时间则尽量拉开距离,从不邀请公司高层管理人员到家做客,也从不接受公司高层管

---

[1] 魏杰:《中国企业制度创新》,中国发展出版社 2006 年版,第 205—210 页。

理人员的个人邀请。[①] 而对于一般员工则有意亲近，了解其需求甚至去员工家中探访。企业管理人员通过塑造员工的价值观，加强员工之间的沟通和交流，为员工的发展提供良好的发展机会。充分发挥非正式组织的作用，可以更好地留住人才，这种心理成本的付出要比物质成本的付出效果好。

以感情留住人才是最根本的途径。企业通过对员工的关心和照顾，为其提供良好的发展环境，让员工对企业产生感情。感情是留住人才的最关键途径，员工对本企业产生深厚的感情才能与企业同舟共济，即使企业处于困难时期员工也不会离开企业，而且越是在这样的困难时期，员工的积极性越高，可以为企业渡过难关做出自己最大的贡献。对企业产生感情的员工很难流失到其他企业去，这样的人才留住方式不会受到外界物质利益的诱惑，是企业应该最为重视的人才留住方式。企业的领导者对员工的关心和照顾是非常重要的因素，员工之间和谐的工作氛围是让员工产生感情的关键所在，因此作为企业领导者应该为员工之间的协同合作创造良好的环境。

四 以激励留住人才

企业对员工的激励包括物质激励和精神激励两种，绩效制度是调动员工积极性的重要手段。设定企业的目标，如果员工实现了相应目标任务则给予激励。[②] 这种激励方式是一把双刃剑，既可以对企业的发展起到积极的推动作

[①] 陈志祥：《知识经济时代的企业管理革命》，《中国软科学》2006 年第 8 期。
[②] 侯先荣、吴奕湖：《企业创新管理理论与实践》，电子工业出版社 2003 年版，第 299—305 页。

用，激励不当也会对企业发展具有负面影响，同时对员工的心理感受也会产生影响。在实行激励的时候应该注重精神激励和物质激励相结合，这种激励应该坚持公平的原则，报酬和绩效之间密切相关，在满足员工物质需求的同时应该使员工感受到工作的乐趣和荣誉感，以便于其在工作中投入全部精力，充分发挥个人潜能。

企业高层管理人员应该和人才经常沟通交流，倾听并采纳合理化建议，让人才有一种归属感和满足感。[①] 员工的需求也存在多样性，有些人对职务晋升比较重视，有些人对物质奖励比较重视，在人才管理过程中注重了解人才的不同需求，尽量满足员工合理化需求，只有这样才能降低人才流失的概率。物质激励和精神激励是两种最为常用的留住员工的方式，在激励的过程中要具体情况具体对待，了解员工的需求。有些员工处于物质生活较为贫乏的境况，急需物质方面的补给，对于这样的员工应该给予相应的物质奖励。有些员工物质生活已经十分富裕，需要实现自己的人生价值，这时荣誉和发展平台是对他最好的激励。激励是最常用最有用的留住人才的方式之一，企业管理者应该好好利用，当然如果利用不好也可能会出现适得其反的效果。

第二节 构建高效的人才管理体制

制度是人才管理的根本所在，只有通过制度设计把人

[①] 杨明、牛晓明：《国有企业体制改革研究》，《市场论坛》2006年第3期。

才管理固定化才能使人才管理不随领导者的更换而改变，为人才的发展提供制度化保障，降低各种可能的风险，提高人才对企业贡献的积极性。中国石化集团公司制定的《关于塑造中国石化特色管理模式指导意见》更是彰显企业管理特色，管理模式逐步与国际接轨，通过优化流程、健全制度、强化执行，全面提高管理效率，大大提高了集团的国际竞争力。集团公司、股份公司实现总部和企业两个层面上的组织机构和业务融合，实现一体化管理。

一　完善人才管理的宏观调控体系

人才管理不仅要注重数量管理，更要注重质量提升。根据笔者的调研，SN 公司制定实施的人才战略宏观管理方法非常值得借鉴，近年来，SN 公司在不断吸引外来优秀人才的同时，非常注重内部员工的发展，为企业员工的发展创造了良好的平台，使其工作团队始终保持很强的活力和创造力。组织的人才始终处于新老交替状态，有一个生命周期，在人才管理方面要从宏观上进行调控，使人才的增长速度和企业的发展速度相适应，如果人才增长速度慢于企业发展速度企业将会面临人才短缺。[1] 对人才的综合素质要全面考量，以精减人员提高效率为前提进行职位岗位的设置，保持人才结构的合理比例。对员工的激励包括物质激励和精神激励两种方式。工资是员工的最基本收入，在企业发展的过程中要及时进行工资改革，在企业利润上升的同时保持工资相应的增长比例，构建工资合理的增长体制。

---

[1] ［美］斯蒂芬·P. 罗宾斯：《组织行为学精要》，郑晓明、葛春生译，电子工业出版社 2005 年版，第 53—60 页。

对企业内部人才的数量和质量充分掌握。在对人才资源进行科学合理分析的基础上，制订宏观调控计划，使内部人才合理流动，尽量实现"人尽其才，才尽其用"[1]。加强人才管理制度建设，消除人才成长障碍，注重人才引进和人才培养相结合，主动适应市场化的人才管理体制。改变人才管理的传统观念，人才管理是以向员工提供服务为主，而不是行政性的命令，在宏观调控管理过程中，要通盘考虑企业整体利益，把个人利益和企业利益相结合。主动适应知识经济时代对人才管理的新要求，信息化、网络化给人才管理带来诸多便利，同时也给人才管理带来很大挑战，只有加快人才管理迈向信息化、网络化的步伐，才能适应知识经济时代的快速发展。

企业人才的宏观调控要和整个社会的宏观环境相结合。企业存在于社会中，要受到社会政治、经济、法律、文化等各个方面的影响和制约，企业只有置身于社会环境中，根据社会的需求对人才进行合理的宏观调控，才能获取更大的效果，如果企业的管理和社会规则相悖，企业则很难在市场上生存下来，会被商业规则淘汰。企业生产的产品要为市场所接受才能实现其价值，因此企业的生产应针对市场需求，通过调研消费者需求意向了解消费者购买行为，生产消费者需求的产品，制定相应的生产策略，企业根据生产策略进行人才的调控才能更有针对性。

二 健全人才市场体系

LX 集团的人才市场化管理体系为我们提供了丰富的经

---

[1] 俞善龙：《对我国实施股票期权制度的思考》，《中国科技产业》2001 年第 9 期。

验，该企业始终坚持"实践是检验人才的唯一标准"的观念，让员工在市场中成长发展。知识经济时代的市场竞争以知识的拥有和使用为基础，人才是知识的载体，所以知识经济也就是人才经济，而人才市场在知识经济时代起着重要的桥梁作用。只有逐步健全和完善人才市场体系才能适应知识经济发展的需要，通过对人才市场进行有效管理，构建科学有序的信息化、网络化人才市场，提高人才市场的服务化水平。[①] 健全人才市场体系首先要完善企业经营管理者市场，以厂长、经理为首的企业高层管理队伍是企业快速发展的首要因素，企业高层管理人员的素质决定了企业在市场中的竞争力，现有的企业经营管理者行政化色彩过于浓厚，缺乏企业家素质，企业发展所需要的创新能力较差。

企业经营管理者市场的主要功能应该是收集人才信息、测评考核人才素质等，通过构建以市场选拔为核心的竞争机制，推荐高素质的企业经营管理者。[②] 其次要完善高新技术人才市场，随着科技的不断发展，产品的知识密集度、技术密集度越来越高，高新技术在市场竞争中的作用也越来越大，企业的发展需要一大批掌握高新技术的人才，完善高新技术人才市场的重要性不可忽视。通过制定高新技术人才的发展机制，加大对高新技术人才的扶持，引导高新技术人才合理流动，实现高新技术人才的社会价值。人才市场的主要功能是为企业提供人才服务，只有逐步构建和完善人才数据库，推进和发展人事代理，才能充

---

① 邱世斌：《核心人才的培养和留用》，《决策与信息》2005 年第 8 期。
② 文跃然、铸就：《"伯乐"素质，留住核心人才》，《销售与管理》2006 年第 2 期。

分发挥人才市场的服务功能。

我国社会主义市场经济体制建立时间尚短，各项体系还处于发展过程中，存在很多不健全的地方，企业的人才管理体系也存在这样的情况，还不能适应当前社会主义市场经济发展的要求。人才市场体系是为企业服务的体系，服务的优劣将会对企业的发展具有重要影响，企业发展所需要的人才应该可以随时从人才市场获取，企业中的人才也可以在人才市场随时找到自己想要的岗位，这对人才市场的信息化水平提出了较高要求。在知识经济时代，人才信息共享体系的构建对企业的发展具有异常重要的意义，人才信息共享体系的构建不仅是企业的事，更是政府的事，具有很强的公益性。能够最大限度地利用这一信息平台的企业才能够获取最大的经济效益。

三 构建完善的人才法规体系

HW集团的人才管理法规建设为其企业的快速发展提供强有力的制度保障，所有员工必须按公司制定的各项规章制度执行，出现违规现象一视同仁。人才法规体系的构建是人才管理体制的重要内容，人才法规的制定应该充分遵循社会主义市场经济规律和人才成长规律，以科学为依据，并且法规一旦制定应该有相对的稳定性。[①] 人才法规最根本的目的是保护人才的合法权益不受侵害，为人才创造良好的发展环境，所以人才法规的制定应该从全局出发，对影响人才发展的每一个环节充分考虑。这里的人才

---

① 陈艳艳：《用50%的资源经营20%的关键人才》，《人力资源开发与管理》2006年第12期。

法规不仅包括国家宏观层面的法规,如国家公务员条例、社会保障法规、企事业单位人才发展规划等;而且包括企业微观层面的相应法规,如人才引进法规、人才流动法规、人才激励政策等。

通过人才引进法规保证人才引进质量,并使人才在企事业单位能够人尽其才、才尽其用。利用人才流动法规对人才在企事业单位的合理流动进行引导,以适应不同单位对不同技能人才的需求。利用知识产权保护法规对人才的科技创新成果进行保护,以激励科技人员创新的积极性。[1]法规制定后只有取得良好的实施效果才是正确的法规,因此法规制定的同时应完善人事监督机制,对人才法规的实施进行综合协调和监督,对不符合法规的现象进行纠正和处罚,维护人才法规的权威性和严肃性。

由于我国社会主义市场经济体制建立时间还不是很长,各项规章制度还处于逐步完善过程中。而市场经济属于法制经济,经济行为要通过法律法规的方式来约束。比如市场的履约行为要受到法律的保护,市场的违约行为将要受到法律的惩罚,如果市场无章可循将会造成混乱局面,生产者无法正常生产、消费者难以满足消费需求。因此在未来相当长的一段时间内,健全和完善社会主义市场经济体制将是我国的重要任务,只有这样才能有利于企业的发展,有利于企业利润最大化的实现。否则将会导致市场经济资源配置的功能无法充分发挥,市场效率也会降低。

---

[1] 阎世平:《制度视野中的企业文化》,中国时代经济出版社2003年版,第105—128页。

第三节 形成高度认同的组织文化

组织积极向上的文化可以激发成员的积极性和创造性，消极的组织文化不利于成员协作和企业发展，通过构建高度认可的组织文化可以解决不同形式的组织冲突，推动企业软实力的提升。联想集团的柳传志曾说，联想集团在并购IBM的PC业务以后，没有向美国派出一个中国领导者，但是当地公司和联想集团具有统一的组织文化，这也是联想集团成为国际化大公司的关键所在。企业文化是一个企业的"软实力"，相对于资金、设备等有形资源来说，企业文化是看不见摸不着的，但是不可否认的是，企业文化是一个企业的"灵魂"所在，它在团结上下、凝聚人心上所具有的作用是十分巨大的，也是其他所有因素所不具备的。企业文化除了能够团结企业内部的所有员工，它还是企业发展方向的象征之一，蕴含着企业未来的发展战略。所有这些特点都使得企业文化的构建对于企业的长久发展意义非同一般，对于大企业、发展战略明确的企业来说更是如此。需要注意的是，作为"软实力"的组织文化的构建是一个漫长的过程，不是朝夕之功，所以，形成良好的组织文化除了要有长期的、明确的战略之外，还要有坚实的执行策略，要坚定不移地执行下去。

一 组织文化构建规划

"凡事预则立，不预则废。"组织文化的构建也是一样。需要制定一定的规划，对组织文化的构建流程进行科学合理的规划并制订周密的实施计划,组织文化的构建和实施是一个长期的过程,既要有短期的计划又应有长期的规划。① 一般来说,组织文化构建的时间应该在3—5年之间,如果时间太短,很多问题可以通过计划来解决;如果构建时间太长,组织生命周期会导致文化无效。组织文化构建计划一般在一年内完成,计划主要用于解决当前出现的问题,相关部门可以根据计划开展近期工作。② 在组织文化构建过程中,相关部门必须有明确的职责划分,避免出现无人负责或多方负责的现象,以提高工作效率。

对于规模较小的企业来说,组织文化的构建相对比较简单,无须花费巨大的精力和财力,此时组织内部可以让组织部门之间的兼任来构建组织文化。大中型企业规模相对较大,组织成员较多,组织关系相对复杂,必须设定专门部门进行组织文化的设计和实施。负责构建组织文化的部门人数不宜过多,一般在6—16人为宜,同时各成员之间结构搭配要合理,因在组织文化构建过程中需要部门之间的协调沟通,企业主要领导应该担任组织文化构建的负责人,成员以内部员工为主,同时应适当吸收外部专家。

高度的文化认同是形成企业核心竞争力的关键因素,共同的企业文化是员工凝聚力的基础,在知识经济时代组织文化的构建显得异常重要,企业文化在某种程度上代表了一个企业的形象。要想成为国家化的大企业,必须塑造

---

① [美] 斯蒂芬·P. 罗宾斯:《组织行为学精要》,郑晓明、葛春生译,电子工业出版社2005年版,第62—63页。
② 包国宪、毛义臣:《国有企业核心员工差异化激励》,《商业时代》2004年第8期。

并形成高度认可的组织文化,作为组织领导者所要做的就是进行组织文化的设计。通过什么样的方式把员工团结起来非常重要,组织文化的规划设计要考虑员工的诉求以及市场的需求,外部市场在不断发生变化,组织文化一旦形成便具有相对稳定性。但文化也不是一成不变的,企业文化也要与时俱进,根据外部环境的发展变化而不断发展。

二 组织文化构建实施

组织文化实施是组织文化的落实环节,在整个组织文化构建过程中起关键作用。对于新成立的企业一般需要构建自己的组织文化,在组织构建的基础上寻找组织文化元素,提出相应的组织文化构建实施假设,利用组织内部文化基因形成初步模型,进而进行系统化、科学化、合理化,以提高组织的凝聚力。[①] 在新建组织文化构建实施过程中,要对组织的核心价值观和历史使命准确把握,充分了解组织特点和发展战略,从企业发展的实际出发,避免出现照搬其他组织文化的现象。组织文化初步形成后,要对现有的组织文化进行沉淀和提升,形成完整的系统文化体系,并在整个组织中推广学习,通过召开组织内部成员讨论会、组织培训等方式,让组织内部成员了解、熟悉并接受组织文化。[②]

企业主要领导要在组织文化推广过程中起模范带头作用,通过鼓励和激励等方式调动内部成员学习组织文化的积极性。组织文化构建后还应进行及时维护,以保证其组织文化的实施效果,首先对新进员工进行组织文化的宣

[①] 廖泉文:《人力资源管理》,高等教育出版社2003年版,第110—119页。
[②] 谌新民:《核心员工的培训技巧》,《人力资源开发与管理》2007年第8期。

传，同时对组织原有职工进行继续教育，以保证组织文化的实施效果。组织文化一旦形成便具有相对稳定性，在短期内不会发生变化，但是组织处在不断发展过程中，组织文化也应根据组织的发展进行及时调整和更新。

良好的组织文化只有具体实施才能发挥其应有的作用，组织文化的实施需要全员学习，并对本组织的文化形成高度的认同，这样实施起来才比较容易。一些大型的跨国公司都有本企业独特的文化，实施过程中都能取得良好的效果，但对于小型企业来说组织文化大部分没有形成，更谈不上实施。因此大型企业要注重自身企业文化的加强和发展，中小企业则需加快形成本企业的组织文化，以便更好地发挥组织文化对企业发展的推动作用。

三　形成独特魅力的领导文化

管理者独特的领导魅力对企业的发展非常重要，大部分管理者基于行政命令进行工作任务分配，上下级之间是命令与服从的关系，这种管理方式在一定程度上具有较高效率。随着知识经济时代的深入发展，对人才管理提出了新的更高的要求。员工的知识水平越来越高，对知识型的员工进行命令式管理往往并不能取得很好的效果，此时独特的领导魅力就能很好地发挥管理职能。[1] 作为企业的管理人员，应该以服务员工为宗旨，通过传播组织使命去影响员工，通过自己对工作的激情去感染员工，通过对员工的关心和热爱去感动员工，通过制订员工职业发展规划去发展员工，员工和管理者之间是同事关系更是朋友关系。

---

[1] 吕军焘：《成功管理者的五种激励方式》，《人才开发》2006年第12期。

作为企业管理者应该尊重员工的个人发展，注重人生价值的实现，让员工参与到有意义的工作中去。树立集体主义价值观，强调企业的发展是集体的贡献，鼓励员工之间协同合作，合理解决员工之间的冲突，营造良好的工作氛围。这种管理方式能够充分发挥员工的积极性和创造性，发现并使用组织最有价值的财富，使组织文化发挥出最大潜力，使组织结构更加灵活化和扁平化。领导魅力是一种组织文化，在知识经济时代的重要性越来越大，具有独特领导魅力的管理者将能大大提高员工的忠诚度，降低人才流失的可能性。[1]

作为企业的领导者应该具有独特的领导魅力，领导魅力是一种特殊的艺术，这种魅力形成是先天因素和后天因素共同作用的结果。有些人天生具有做领导者的素质，可以在员工间把气氛搞得很活跃。当然要想成为一个好的领导者还需后天的努力，首先好的领导者必须来源于员工，是员工利益的代言人，只有做到全心全意为员工服务才能得到员工的拥戴和爱护。否则用行政命令来指挥员工工作，只能让员工做到口服但不能实现真正的心服。因此管理者和领导者存在很大的差别，管理者主要通过行政命令来执行任务，领导者则靠独特的人格魅力来完成任务。

第四节　提高人才管理的信息化水平

信息化的高速发展是知识经济时代的重要特征，人才

---

[1] [美] 约翰·科特、詹姆斯·赫斯克特：《企业文化与经营业绩》，曾中、李晓涛译，华夏出版社1997年版，第1—6页。

管理的信息化水平是提高企业核心竞争力的关键所在。[①]人才管理的信息化通过信息网络体系的构建，把相应的业务信息输入并加工形成新的信息资源，以供决策者参考和相关人员使用，来适应瞬息万变的市场竞争环境，人才管理的信息化是推动企业发展的重要助推器。北大方正集团在人才信息化管理方面走在同类企业的前端，该企业对所有人、财、物的相关材料均可实现一键化查询管理，办公的信息化、无纸化极大地提高了企业的工作效率。

一 信息化对于人才管理的重要意义

国内人力资源管理自计划经济步入市场经济以后经历了四个发展阶段：第一，传统的人事管理阶段；第二，人力资源管理阶段；第三，战略人力资源管理阶段；第四，人才管理阶段。目前人力资源大部分处于第二阶段即人力资源管理阶段，一小部分先进的企业已经向第三、第四个阶段迈进。从人力资源管理步入战略资源管理有显著特征：企业已经把人力资源管理上升到战略高度，在企业有人力资源副总裁对接企业的战略，人力资源管理要支撑企业的战略，尤其是要为业务部门做管理支撑，而部分事务性的工作通过信息化来解决，才算是步入战略人力资源和人才管理阶段。

随着竞争的加剧，企业近几年对于人力资源管理的重视度逐步提高，这是因为一方面目前国内劳动力下降，另一方面随着相关立法越来越多，很多企业的痛点都转向人力资源管理，特别是对于关键人才的引进与保留变得越来

[①] 刘光明：《企业文化》，经济管理出版社2002年版，第116—120页。

越困难，人力资源管理已经成为管理新热点。从人力资源管理的发展阶段理论可以判断现在我国人力资源管理处于第二阶段即人力资源管理阶段，传统企业的人力资源管理由第二阶段向第三阶段战略人力资源管理迈进，必然要借助先进的管理手段或者工具才能成功。然而我们看到在企业人力资源管理中常常遇到这样的问题：很多 HR 专员仍在做工资发放、报表、统计分析等传统人力资源工作，没有更多的精力去辅导业务部门，这就导致人力资源管理很难提升效率。另外，当企业选择辞退一名不合格的员工时，由于没有客观量化的数据来支撑就很难开展工作。要想解决这些问题必须由过去的粗放的人力资源管理步入精细化人力资源管理，而通过信息化手段能够逐步解决这些事务问题，让 HR 有更多的精力去辅助业务部门，从而提升人力资源管理工作。具体来讲，信息化对于人力资源管理向人才资源管理阶段转化的推动作用表现在以下几个方面：第一，大幅度降低人工成本、提高工作效率。可以把大量 HR 工作者从事务性的工作中解脱出来，去从事更有价值的管理工作。第二，加强企业集团管控。现在用工风险很大，通过信息化手段加强流程监控，如编制控制、工资总额等通过流程管控和监控达到控制用工风险的目标。第三，针对现在的人才流动率高、关键人才流失之后的补充和关键人才胜任力不足等问题，信息化可以帮助企业打造一个人才供应量，就是通过人才的智能化选拔、智能化评估、智能化在线学习，循环不断地为企业培养出符合企业战略要求、能够胜任企业管理需要的各方面人才。

　　虽然信息化给企业人力资源管理带来很多好处，但开展人力资源信息化建设并不是那么容易，很多企业在进行人力资源信息化建设的过程中会存在几个方面的问题：第一，客户和厂商还不够成熟，导致许多人力资源信息化项目不成功。许多人力资源管理服务商看到用户的需求，但由于对行业的理解不足，没有意识到人力资源领域正在发生管理的巨变——需要产品具有足够高的灵活性。第二，部分服务商不了解人力资源管理现状。目前人力资源管理基础非常薄弱，导致支撑企业人力资源管理的信息化产品在企业管理发生变化时，无法支撑。另外，软件自身过于复杂，人力资源管理又很难普及，这些都是导致信息化不成功或者使用率不高的根本原因。

二　信息化背景下的人才管理

（一）提高人才管理的工作效率

信息化的技术和网络是无生命的，需要掌握相应技术的人才去使用才能实现其价值，企业的信息化涉及生产经营的每个环节，这就需要大量的信息化人才。人才管理的信息化是人与计算机的有机结合，通过综合利用现代信息技术为企业决策者提供科学的依据和参考。信息化管理中的人才不仅要掌握一定的先进技术，更要对企业人力资源的分布较为了解，还要具备一定的管理能力，只有具备这些条件才能提高人才管理信息化服务水平。信息化水平的提升能大大提高企业工作效率，人才管理的信息化是企业信息化水平的重要标志，通过高效的信息化处理方案，可以降低交易成本、提高工作效率。[①]

企业的很多事务如果按照传统的模式进行处理将会耗

---

① ［美］墨顿·亨特：《心理学的故事》，李斯、王月瑞译，海南出版社 2006 年版，第 266—270 页。

费大量时间，信息化水平的提升能够使管理人员从繁忙的日常事务中解脱出来，为企业的发展提供更多有价值的服务。[①] 利用信息化管理网络可以制定更为科学合理的企业发展战略，通过先进的招聘技术和测评技术能够为组织发展选拔更为合适的人才，对企业绩效管理的信息化分析和处理能对员工进行很好的激励，企业管理者利用人才管理的信息化网络可以更直接地了解和掌握企业的发展动态。因此，人才管理信息化可以为人力资源管理提供技术保障。

知识经济时代对人才管理提出新的更高的要求，人才管理效率的高低是企业保持持久竞争力的关键因素。从目前我国企业人才管理效率状况来看，普遍存在管理效率较低的现象，一项用人政策的制定需要经过诸多环节，政策的出台甚至可以用一年以上时间，直接导致工作效率的下降。而一些跨国公司的人才管理效率相当高，无论政策的制定还是员工的流动，都能在很短的时间内完成。市场千变万化，商机可能稍纵即逝，高效的人才管理是保证企业工作效率的重要因素。我国企业要想与国际接轨必须提高人才管理的效率，充分发挥人才管理在企业发展中的重要作用。

（二）树立信息化人才管理理念

人才管理只靠技术远不能发挥其对企业的推动作用，只有和先进的管理理念相结合才能实现企业效益的提高。人才管理的信息化是知识经济时代的必然要求，也是知识经济时代发展的必然结果，其实质是对知识的尊重和使

[①] 黎群：《试论企业文化与战略管理的关系》，《中国企业文化》2004年第5期。

用，主要关注员工数据信息的分析和利用，以获取最大化的企业效益。① 人才管理信息化水平的提升要受到内外部环境的影响，除了外部宏观经济环境外，企业管理者的信息化人才管理理念也非常重要，要构建人才管理信息化体系要通盘考虑。不仅企业管理者应该树立信息化管理意识，还要注重员工信息化管理意识的提升，员工信息化意识的增强和信息化技能的提升可以提高企业核心竞争力。

员工信息化培训是信息化技能提升的关键，通过设计有针对性的培训方案，把信息化管理理念和信息技术有机结合起来，造就一支高信息化管理水平的人才队伍。人才管理的信息化不仅要注重内部信息化水平的提升，更要加强与外部合作伙伴的协商交流，以了解并掌握信息化技术发展的最新动态，避免信息化建设在较低层次徘徊。② 同时还要充分利用社会中介机构，对本企业的信息化管理技术的发展进行管理诊断，分析现有人才信息化管理的优势和不足，针对薄弱环节制定相应的对策，实现企业人才管理的战略性发展。

人才管理的信息化是21世纪人才管理的重要特征，随着计算机技术和互联网技术的快速发展和普及，企业人才管理信息化的水平逐步提高。从一些大型企业来看，通过计算机和互联网可以掌握本企业的所有信息，并可以查询大量的企业外部信息，这种信息的收集和整理可以为企业决策奠定很好的基础。对于一些中小企业来说，人才管理的信息化水平还很低，管理人员的学历普遍不高，年龄相

---

① ［美］斯蒂芬·P. 罗宾斯：《组织行为学精要》，郑晓明、葛春生译，电子工业出版社2005年版，第55—56页。

② 杨柳：《激情跨越从"心"启程》，《中国大唐》2006年第6期。

对较大,对新技术的认识和使用不够,从而制约了企业的发展。要想实现企业的快速发展、提高企业工作效率,必须提高管理者的信息化水平,加快管理队伍的年轻化。

(三)人才管理信息化的标准化

知识经济时代信息技术已在企业管理中得到广泛应用,信息化管理对企业发展的作用也越来越大,传统企业也在逐步适应时代化发展步伐,提升自身信息化管理水平。在人才管理信息化过程中,企业要与内外部环境实现充分的融合,信息管理系统的共建和信息的共享是提升人才管理信息化水平的关键,人才管理的专业术语、管理模式等应该有一个统一的标准。企业要想提高自身的核心竞争力必须主动融入信息化管理的标准化构建进程中,根据标准化的信息管理对本企业的优势和不足充分论证,明确本企业和同类企业之间的差距,针对劣势有针对性地采取措施。

标准化的管理体系一经形成,企业就应借助标准化对本企业的人才管理进行规范,使人才管理体系更为科学合理,以标准化提升自身的核心竞争力,取得较好的经济效益。[①] 20世纪的市场以竞争为核心,以企业与企业之间的竞争为特征;21世纪的市场以竞争和合作为核心,以企业与合作伙伴之间的合作为特征。信息技术是企业与合作伙伴之间合作的重要桥梁,可以帮助企业提高对市场的适应能力,而信息技术的标准化是现代管理的重要特征,通过人才管理标准化的普及和推广,可以实现在市场竞争中的合作共赢。

---

① 王树华:《从"屋顶学说"和"土壤学说"说起》,《现代领导》2001年第4期。

随着全球化的深入发展，人才管理的标准化成为重要的发展趋势，企业之间的管理模式存在很大的相似之处，管理者通过总结管理经验，可以发现管理过程中一些规律性的东西，制定出一个相对完整的管理体系，其他企业就可以通过借鉴学习为本企业所用，这就大大节约了其他企业的学习成本。特别是对于国际上一些知名的跨国公司，其人才管理经验非常值得借鉴，在今天这个人才管理国际化的时代，标准化人才管理体系的形成具有非常重要的意义。大型跨国公司制定标准化的管理模式，中小企业就可以根据本企业的实际情况把这种标准化的管理模式用于本企业的发展。

第五节 提升人才管理的和谐度

如何发挥知识工作者的工作潜能并提升其生产力是21世纪人才管理的重要任务。随着知识经济时代的不断发展，知识在市场竞争中越来越重要，信息的获取和使用是企业提升竞争力的关键，知识型人才的获取和作用发挥是企业在竞争中获取优势的决定因素。因此，21世纪的管理不仅是对人才的管理，更是对知识的管理、对信息的管理。这种管理模式不同于传统管理模式，竞争与合作是当前市场竞争的主题，只有实现人才与人才之间的精诚合作，才能提升本企业的核心竞争力。人才管理的和谐度提升对企业的长远发展意义重大。

一 确定和谐人才管理的主题

人才管理和谐主题的确定是知识型人才管理的首要任务，企业在不同的生命周期具有不同的发展特征，和谐人才管理的主题也存在一定差别。通过了解和梳理企业现有知识型人才的背景信息，分析企业存在问题和今后任务，形成初步解决方案框架。[①] 根据企业发展阶段的划分确定不同的人才管理主题，同一发展阶段有可能涉及若干个主要问题，对主要问题根据重要性进行排列，准确把握事情的轻重缓急，有序处理。和谐人才管理的主题确定以后还应及时跟踪判别主题的选择是否正确，阶段性主题是否能解决企业发展过程中所面临的问题。

根据企业发展的战略性目标判断主题的方向性，根据企业的总体指导思想分析主题选择的合理性，根据企业发展的现实情况确定人才管理对当前任务解决的可行性。一般来说，企业在发展过程中面临的主题主要包括以下几种形式：知识型人才发展规划问题、人才引进的有效性问题、企业绩效评价问题、人才激励效果问题、冲突解决问题，这些问题可能发生在企业发展的不同阶段。[②] 通过和谐人才管理可以引进更多知识型人才，利用更多的知识型技能，获取更多的物质利益和精神财富。根据新增长理论，知识型人才是新时期国民经济持续快速发展的重要源泉，也是企业核心竞争力提升的重要前提。

---

① 兰邦华：《人本管理：以人为本的管理艺术》，广东经济出版社2000年版，第133—140页。

② 夏国新：《心理规律在管理中的应用》，中国城市出版社2006年版，第201—222页。

知识经济时代是高度文明的时代，员工之间的和谐度应该更强，和谐度较高的企业才有更大的活力。领导者首先应该确定本企业的和谐管理的主题，让员工知道共同的目标是什么，员工围绕和谐主题开展工作才能更加协调。只有在一个和谐的环境中工作才能充分发挥员工的积极性和主动性，从企业的调查数据来看，一些大型的跨国公司员工的和谐度普遍较高，在新员工入职之前一般都要进行相应培训，使新老员工在思想认识上有一个接触，为今后的共同工作达成共识。

二 分析和谐人才管理的环境

企业所处的内外部环境的变化对和谐人才管理具有很大影响，环境的不确定性和利益相关者关系密切，环境的变化可能为企业的发展提供机会，也可能为企业发展制造威胁。组织发展周期和知识型人才发展周期存在特定关系，知识型人才是影响企业发展战略的重要群体，知识型人才核心竞争力的提升和发挥是企业成功的关键因素。随着科学技术的发展进步，知识型人才在企业发展中的主导作用越来越明显，对知识型人才需要通过人性化的手段进行管理，不能简单地把人才看成"经济人"、"理性人"、"自动人"，只有通过和谐管理才能实现组织效益和社会效益最大化。[①]

首先，要分析企业内部环境，企业内部因素是决定人力资源管理的重要因素，对企业整体效益的提高有重要影响。

---

① 沈晖：《BP 兵法：人才整合圣经》，《21 世纪经济报道》2002 年 4 月 1 日第 9 版。

其次，企业所处外部环境对人才管理也有至关重要的影响，企业的发展必须以适应当地政治法律环境为前提，否则将会遇到很多风险。经济环境变化对知识型人才的经济利益直接产生影响，国家的宏观经济形势较好，可以为企业的发展创造良好的环境。企业和供应商、销售商的利益息息相关，只有供应商和销售商经济利益提高，本企业才能实现经济效益的提升。[1] 企业所处的社会文化环境是影响企业发展的软环境，如果能够很好地利用当地的风俗习惯、宗教信仰、人生观、价值观、教育情况，将会使企业发展事半功倍。企业内部冲突和外部冲突往往因文化差异而产生，对文化环境的主动适应可以减少甚至消除各种冲突。

最后，企业的人才管理应该结合内部环境和外部环境。企业的内部环境是有效管理的基础，如果内部员工不和谐经常出现消极怠工现象，是很难进行企业的和谐管理的，这样的企业竞争力也会很差、经济效率也不会很高。良好的外部环境可以为企业的发展提供一个很好的条件。企业是处于社会中的企业，不可能脱离社会而存在，因此企业必然会受到国家的政治、经济、文化等制度的约束。所以，企业的人才管理必须要考虑内部环境和外部环境，二者的有机结合是促使企业管理效率提高的重要保障。

三 设定和谐人才管理的目标

不同企业的发展阶段和和谐主题存在差异，企业人才和谐管理的目标也会具有一定差别，和谐人才管理目标设

---

[1] 李建峰：《组织行为管理》，中国人民大学出版社2000年版，第130—144页。

定应基于企业发展战略规划、企业内外部环境分析、企业现有人力资源现状等。[1] 实现和谐人才管理的工具主要包括"和则"工具与"谐则"工具。"和则"工具主要用于对知识型人才行为及人际关系的协调,侧重于对知识型人才人性化的管理,基于精神层面进行方案设计。"谐则"工具主要针对企业组织机构和各项政策的制定,在充分了解员工需求的基础上设计相应的制度方案,对知识型人才的切身利益进行保护,同时对员工的行为进行规范。[2]

"和则"工具与"谐则"工具必须相互结合,才能更好地实现和谐人才管理的目标,当然在实现企业目标的不同发展阶段,两大工具的重要性可能有所不同,有时"和则"工具处于主导地位,有时"谐则"工具处于主导地位。[3] 管理者对人才管理的形式必须很好地判断,针对不同的任务和问题采取不同的解决方案。和谐人才管理的目标包括集体目标和个人目标两大类,两大目标实现如果和和谐管理的主题相一致并取得一定成效,则和谐人才管理的效果较好,即在企业人才管理过程中要遵循和则、谐则与和谐主题相一致的原则,最终实现企业整体和谐度的提高。

目标明确是有效管理的前提,和谐人才管理首先必须确定明确的目标。管理者通过调研了解内部员工需求和外部市场的变化,制定适合本企业发展的和谐管理目标。切合实际的目标很容易实现,而且对企业效率的提高和效益

---

[1] 刘昕:《国际人才管理的战略新思维及其启示》,《江海学刊》2010年第3期。
[2] 赵越懿:《浅谈外企人才管理给我们的启示——关于企业人才管理的思考》,《中小企业管理与科技》2010年第3期。
[3] 胡毓娟、谢承遂、李其标:《论国际化背景下人才管理的比较研究和方法再造》,《西部大开发》2009年第11期。

的增加都有很大帮助；不切实际的目标不仅不可能实现，甚至会产生负面效应，影响员工的工作情绪。因此人才和谐管理目标的制定必须从本企业的实际出发，这样才能充分发挥人才的作用。从知名的跨国公司来看，它们都有本企业明确的人才和谐管理目标，员工之间的融洽度较高，人才的流失率较低，管理者所制定的目标可以为本企业的所有员工带来福利，让员工在快乐的氛围中工作，对员工的工作积极性的发挥也是一种激励。

参考文献

一 中文文献

（一）著作

1. ［法］法约尔：《工业管理与一般管理》，迟力耕、张璇译，机械工业出版社 2007 年版。

2. ［加］亨利·明茨伯格：《管理工作的本质》，方海萍等译，中国人民大学出版社 2012 年版。

3. ［美］伊戈尔·H. 安索夫：《战略管理》（珍藏版），邵冲译，机械工业出版社 2013 年版。

4. ［美］艾尔弗雷德·D. 钱德勒：《战略与结构：美国工商企业成长的若干篇章》，云南人民出版社 2002 年版。

5. ［美］巴纳德：《经理人员的职能》，王永贵译，机械工业出版社 2007 年版。

6. ［美］彼得·德鲁克：《动荡时代的管理》，机械工业出版社 2006 年版。

7. ［美］彼得·德鲁克：《管理的实践》，齐若兰译，机械工业出版社 2015 年版。

8. ［美］彼得·德鲁克：《管理：任务、责任和实践》，刘勃译，华夏出版社 2008 年版。

9．［美］丹尼尔·A.雷恩：《管理思想史》，孙健敏等译，中国人民大学出版社 2009 年第 5 版。

10．［美］蒂姆·库克：《管理学原理》，陈小鲁等译，清华大学出版社 2010 年版。

11．［美］弗雷德·R.戴维：《战略管理：概念部分》，赵丹译，清华大学出版社 2013 年第 13 版。

12．［美］弗雷德里克·泰勒：《科学管理原理》，黄榛译，北京理工大学出版社 2012 年版。

13．［美］哈罗德·孔茨、海因茨·韦里克：《管理学》，郝国华、金慰祖等译，经济科学出版社 1993 年版。

14．［美］哈默、普拉哈拉德：《竞争大未来——企业发展战略》，王振西译，昆仑出版社 1998 年版。

15．［美］赫伯特·西蒙：《管理决策新科学》，中国社会科学出版社 1985 年版。

16．［美］加里·贝克尔：《人力资本》，中国经济出版社 1987 年版。

17．［美］加里·贝克尔：《人力资本理论》，中信出版社 1964 年版。

18．［美］加里·德斯勒：《人力资源管理》，中国人民大学出版社和 Prentice Hall 出版公司合作出版 2001 年第 6 版。

19．［美］劳埃德·拜厄斯、莱斯利·鲁：《人力资源管理》，人民邮电出版社 2004 年版。

20．［美］劳伦斯·S.克雷曼：《人力资源管理：获取竞争优势的工具》，孙非等译，机械工业出版社 2003 年版。

21．［美］雷蒙德·A.诺伊等：《人力资源管理基础》，刘昕译，中国人民大学出版社 2011 年第 3 版。

22. ［美］李·戴尔：《人力资源管理战略》，韩亚等译，九州出版社 2007 年版。

23. ［美］迈克尔·波特：《竞争战略》，陈小悦译，华夏出版社 2005 年版。

24. ［美］乔治·T. 米尔科维奇、约翰·W. 布德罗：《人力资源管理》，彭兆棋等译，机械工业出版社 2002 年版。

25. ［美］舒勒、沃克：《人力资源开发与管理》，刘海平等译，北京大学出版社 2000 年版。

26. ［美］斯蒂芬·P. 罗宾斯：《组织行为学精要》，郑晓明、葛春生译，电子工业出版社 2005 年版。

27. ［美］泰勒：《科学管理原理》，赵涛等译，电子工业出版社 2013 年版。

28. ［美］威廉·大内：《Z 理论——美国企业怎样迎接日本的挑战》，孙耀君、王祖融译，中国社会出版社 1984 年版。

29. ［美］西奥多·W. 舒尔茨：《论人力资本投资》，吴珠华等译，北京经济学院出版社 1990 年版。

30. 曹嘉晖、张建国：《人力资源管理》，西南财经大学出版社 2009 年版。

31. 陈启申：《ERP——从内部集成起步》，电子工业出版社 2008 年版。

32. 程国平：《经营者激励——理论、方案与机制》，经济管理出版社 2002 年版。

33. 董克用：《人力资源管理概论》，中国人民大学出版社 2011 年第 3 版。

34．韩淑娟、赵凤敏编著：《现代企业人力资源管理》，安徽人民出版社 2000 年版。

35．侯先荣、吴奕湖：《企业创新管理理论与实践》，电子工业出版社 2003 年版。

36．贾华强等：《经济可持续发展的人力资源开发》，中国环境科学出版社 2002 年版。

37．兰邦华：《人本管理：以人为本的管理艺术》，广东经济出版社 2000 年版。

38．李春琦：《高层经理激励》，上海财经大学出版社 2003 年版。

39．李桂荣：《人力资源开发与管理》，天津大学出版社 2003 年版。

40．李建峰：《组织行为管理》，中国人民大学出版社 2000 年版。

41．李剑：《人力资源管理实务必备手册》，中国言实出版社 2000 年版。

42．梁钧平：《人力资源管理》，北京经济日报出版社 1997 年版。

43．廖泉文：《人力资源发展系统》，山东人民出版社 2000 年版。

44．廖泉文：《人力资源管理》，高等教育出版社 2003 年版。

45．林云：《现代企业激励机制》，上海人民出版社 1997 年版。

46．凌文轮等编：《员工激励与企业创富》，中国纺织出版社 2002 年版。

47．刘光起：《a 管理模式》，企业管理出版社 1997

年版。

48．刘冀生：《企业经营战略》，清华大学出版社 2000 年版。

49．陆国泰：《人力资源管理》，高等教育出版社 2000 年版。

50．罗洪铁主编：《人才学基础理论研究》，四川民族出版社 2003 年版。

51．吕强、齐德义：《现代企业管理》，中国财政经济出版社 2002 年版。

52．吕叔春：《最有效的员工激励法》，中国经济出版社 2010 年版。

53．马桂秋：《科技人才学》，浙江教育出版社 1987 年版。

54．潘晨光：《人才发展报告 No. 3》，社会科学文献出版社 2007 年版。

55．亓玉台：《企业人才资源机制建设探索》，中国石化出版社 2012 年版。

56．乔盛：《人才论》，中共中央党校出版社 2008 年版。

57．秦在东：《现代企业管理新方略》，华中理工大学出版社 1995 年版。

58．秦志华：《企业管理》，东北财经大学出版社 2011 年版。

59．沈荣华主编：《人才立法与规范管理》，党建读物出版社 2008 年版。

60．陶声良：《企业战略管理》，武汉大学出版社 1997 年版。

61. 王方华、吕巍：《企业战略管理》，复旦大学出版社 2006 年版。

62. 王通讯编著：《人才学通论》，天津人民出版社 1985 年版。

63. 王通讯主编：《人才战略规划的制定与实施》，党建读物出版社 2008 年版。

64. 王伟光、唐晓华：《现代战略管理》，经济管理出版社 2006 年版。

65. 魏杰：《中国企业制度创新》，中国发展出版社 2006 年版。

66. 闻效仪：《人力资源管理的历史演变》，中国社会科学出版社 2010 年版。

67. 吴德贵主编：《人事管理制度改革与创新》，党建读物出版社 2008 年版。

68. 吴建平：《企业组织中社会团结的微观基础——组织变迁的社会过程》，东方出版社 2006 年版。

69. 吴文武：《中国人力资源开发系统论》，中国建材工业出版社 1996 年版。

70. 夏国新：《心理规律在管理中的应用》，中国城市出版社 2006 年版。

71. 徐光华等编：《人力资源管理实务》，北京交通大学出版社 2005 年版。

72. 叶生、陈育辉：《仁本管理：中国式人力资源战略实操全录》，中国发展出版社 2005 年版。

73. 叶忠海、陈子良等：《人才学概论》，湖南人民出版社 1983 年版。

74. 叶忠海主编：《普通人才学》，复旦大学出版社

1990 年版。

75. 于文远、彭文晋、王建新：《人才管理概论》，吉林人民出版社 1986 年版。

76. 余凯成、程文文、陈维政编著：《人力资源管理》，大连理工大学出版社 2001 年版。

77. 张德主编：《人力资源开发与管理》，清华大学出版社 2001 年版。

78. 张唐槟、胡云丽：《企业管理》，西北大学出版社 1982 年版。

79. 赵恒平、雷卫平编著：《人才学概论》，武汉理工大学出版社 2009 年版。

80. 赵曙明编著：《人力资源战略与规划》，中国人民大学出版社 2002 年版。

81. 周秀淦、宋亚非：《现代企业管理原理》，中国财政经济出版社 2003 年版。

82. 左昌鸿：《现代企业管理概论》，中国商业出版社 2001 年版。

（二）期刊论文

1. 包国宪、毛义臣：《国有企业核心员工差异化激励》，《商业时代》2004 年第 8 期。

2. 毕劲松：《中小企业人才流失对策》，《经济师》2009 年第 12 期。

3. 边仕英：《论激励是现代管理心理学理论的核心》，《西昌学院学报》（社会科学版）2005 年第 4 期。

4. 蔡雅萍：《基于供应链信息共享的人才培养模式探讨》，《现代商贸工业》2010 年第 22 期。

5. 曹细玉：《知识型企业新人力资源管理模式研究》，

《科学学与科学技术管理》2002年第4期。

6. 曾双喜：《匹配，人才战略关键词》，《人力资源》2016年第1期。

7. 晁岳艳：《如何在新形势下应对人才管理新挑战》，《黑龙江科技信息》2013年第11期。

8. 陈黛琴：《浅谈人才管理》，《商场现代化》2007年第11期。

9. 陈芳、陈红兵、王云昌：《中国高科技企业人力资源管理问题与对策》，《中外企业文化》2001年第11期。

10. 陈关英：《基于管理心理学视角的企业员工忠诚度研究》，《石家庄经济学院学报》2010年第5期。

11. 陈万明、张晔林：《家族企业与职业经理人的博弈分析》，《现代管理科学》2005年第4期。

12. 陈艳艳：《用50%的资源经营20%的关键人才》，《人力资源开发与管理》2006年第12期。

13. 陈志祥：《知识经济时代的企业管理革命》，《中国软科学》2006年第8期。

14. 崔兵：《人力资源管理中的问题及其对策》，《理论月刊》2009年第15期。

15. 丁栋虹、刘志彪：《从人力资本到异质型人力资本》，《生产力研究》1999年第3期。

16. 杜静：《国有企业人才管理的难点与对策》，《胜利油田党校学报》2011年第3期。

17. 杜谦、宋卫国：《科技人才定义及相关统计问题》，《中国科技论坛》2005年第5期。

18. 杜莹芬：《管理理论的发展及我国企业管理研究的任务》，《经济管理》2004年第20期。

19. 段莉：《我国人才战略研究综述》，《理论与改革》2007年第5期。

20. 方建：《中小企业人才流失问题浅析》，《现代经济信息》2009年第22期。

21. 傅弋蓉：《民营中小企业人才流失的"三年之痒"剖析及对策初探》，《合肥工业大学学报》（社会科学版）2007年第6期。

22. 高传富、陈传明：《关于企业战略管理模型的思考》，《科技与经济》2004年第1期。

23. 辜明华：《后金融危机时代企业财务战略选择的思考》，《管理论坛》2011年第1期。

24. 何祥成：《论企业人才管理存在的问题与对策》，《中国市场》2013年第30期。

25. 何妍：《企业应建立人员配置系统而非单纯的招聘系统》，《人力资源管理》2013年第5期。

26. 何宗华、汲怀民：《加快薪酬制度改革营造科技人才良好薪酬环境》，《齐鲁石油化工》2004年第2期。

27. 胡更鑫：《对人力资源纵深内涵的思考——从"人"向"人力资源"的转变》，《人力资源管理》2011年第12期。

28. 胡红卫：《企业人力资源管理存在问题和对策》，《中国行政管理》2006年第2期。

29. 胡毓娟、谢承遂、李其标：《论国际化背景下人才管理的比较研究和方法再造》，《西部大开发》2009年第11期。

30. 黄广益：《企业人才管理梯次化考核培养体系构建及实践》，《中国集体经济》2010年第10期。

31. 黄牧立、司冬玲：《企业人力资源危机及其因子探析》，《科技进步与对策》2004 年第 12 期。

32. 黄晓：《中小企业人才吸引的策略探析》，《科技广场》2009 年第 4 期。

33. 姜涛、赵锦添：《企业员工管理的有效途径和技巧分析》，《中国电力教育》2012 年第 12 期。

34. 金胜华等：《中国企业经营者价值取向：现状与特征——2004 年中国企业经营者成长与发展专题调查报告》，《管理世界》2004 年第 6 期。

35. ［美］京特·K.：《有效人才管理的六项原则》，《麻省理工学院斯隆管理评论》2012 年第 6 期。

36. 孔凡柱、罗瑾琏、赵莉：《基于知识管理的企业技能人才开发模型及实施策略》，《科技进步与对策》2010 年第 13 期。

37. 孔涛：《中小型民营企业人力资源管理与开发创新》，《管理学家》2010 年第 11 期。

38. 李必强：《20 世纪的企业管理创新》，《武汉理工大学学报》（信息与管理工程版）2002 年第 6 期。

39. 李春来、崔银：《现代企业的人才特征》，《乡镇企业科技》2001 年第 10 期。

40. 李翠娟、宣国良：《知识供应链：企业合作知识创新的新方式》，《科研管理》2006 年第 3 期。

41. 李冬伟、李建良：《基于企业生命周期的智力资本对企业价值影响研究》，《管理学报》2012 年第 5 期。

42. 李恩平、贾冀：《发达国家企业人才管理的几点启示》，《理论探索》2011 年第 1 期。

43. 李恩平、罗艳琴、郭伟军：《高科技企业科技人才股票期权约束机制分析》,《管理科学研究》2010年第1期。

44. 李桂卿、陈维政:《我国人才资本的现状及发展趋势》,《金融财政》2004年第9期。

45. 李宏智:《中小企业人才选用存在的问题及应对措施》,《现代企业教育》2012年第7期。

46. 李建钟:《世界范围的人才流失现象及发展趋势》,《中国人力资源开发》2005年第11期。

47. 李进建:《我国家族企业的规范化管理现状及对策》,《产业与科技论坛》2008年第6期。

48. 李娟:《浅析人才对中小企业发展的影响》,《山西科技》2010年第6期。

49. 李明惠:《我国高新技术产业发展问题及对策研究》,《商场现代化》2005年第34期。

50. 李泉利:《企业激励模式存在的问题与建议》,《科学时代(上半月)》2011年第5期。

51. 李少斌:《忠诚度——中西部中小企业吸引和留住人才的捷径》,《济源职业技术学院学报》2007年第1期。

52. 李魏晏子:《中国企业最缺乏国际化的领导人才》,《上海国资》2010年第12期。

53. 李五四、刘华卫:《高科技人才合理流动的临界点》,《企业研究》2009年第4期。

54. 李鑫:《中小企业人才招聘现状分析及趋势研究》,《吉林华桥外国语学院学报》2011年第2期。

55. 李瑛:《中小企业人才流失现状的分析及对策》,《现代经济信息》2011年第4期。

56. 李长虹:《论高技术企业的产权制度与制度创

新》,《经济体制改革》2002年第1期。

57. 梁俊国:《浅议人力资源开发与企业文化建设》,《山西建筑》2010年第18期。

58. 梁裕楷:《知识经济——人事制度改革的新动力》,《中山大学学报》(社会科学版)1999年第1期。

59. 林泽炎:《中国企业人力资源管理制度建设及实施概况》,《中国人力资源开发》2004年第9期。

60. 刘桂兰:《如何激励家族企业中的职业经理人》,《经济论坛》2007年第6期。

61. 刘桂青:《人力资源开发的激励机制》,《山西建筑》2010年第29期。

62. 刘剑锋:《高校人才供应链决策框架浅析》,《广东技术师范学院学报》2008年第3期。

63. 刘静:《加强人力资源管理 提高企业经济效益》,《中国外资》2013年第20期。

64. 刘强:《建筑工程施工企业人力资源管理探析》,《建工资讯》2009年第11期。

65. 刘少锋:《核心人才流失原因分析及应对策略》,《科技情报与开发经济》2012年第12期。

66. 刘昕:《国际人才管理的战略新思维及其启示》,《江海学刊》2010年第3期。

67. 刘洋:《论我国中小企业人才流失的原因及对策》,《时代金融》2012年第3期。

68. 刘勇强:《美欧、日韩公司人力资源管理模式比较》,《广东科技》2004年第1期。

69. 卢美月、张文贤:《企业文化与组织绩效关系研究》,《南开管理评论》2006年第6期。

70. 芦子杰：《关于油田矿服企业人力资源管理之浅谈》，《现代经济信息》2015年第13期。

71. 骆彦池、张园香、吴芸：《中小企业人才储备与利用机制初探》，《企业导报》2010年第3期。

72. 吕军焘：《成功管理者的五种激励方式》，《人才开发》2006年第12期。

73. 吕明、陈树文：《基于人力资源战略的员工流动率管控模式设计》，《中国人力资源开发》2007年第1期。

74. 马丽萍：《入世后国有企业人才资源开发的几个问题》，《理论前沿》2012年第17期。

75. 马小洪：《中小企业人才流失的影响及对策研究》，《企业科技与发展》2011年第06期。

76. 茅鸿祥、蒋鸣和、沈振华、肖学金、胡瑞文：《我国人才预测与规划的理论和方法》，《中国高教研究》1985年第1期。

77. 倪燕翎：《基于企业生命周期的人力资本管理模式研究》，《科技创业月刊》2013年第1期。

78. 欧立光、苏丹：《中小企业解决人才匮乏的关键——战略性人才储备》，《辽宁经济》2007年第6期。

79. 庞庆华：《企业供应链管理信息化水平的灰色关联分析》，《科技管理研究》2010年第30卷第1期。

80. 秦立公：《基于企业战略人力资源规划研究》，《改革与战略》2004年第11期。

81. 邱冬阳、陈国华：《人才战略管理与企业竞争优势》，《现代经济信息》2009年第14期。

82. 邱雯：《企业人力资源管理模式研究》，《厦门大学学报》2002年第6期。

83. 芮明杰、郭玉林：《智力资本激励的制度安排》，《中国工业经济》2002年第9期。

84. 沈其泰、黄敏萍、郑伯埙：《团队共用心智模式与知识分享行为：成员性格特质与性格相似性的调节效果》，《管理学报》2004年第5期。

85. 沈毅：《浅谈对员工的激励特点和作用》，《企业技术开发（下半月）》2011年第4期。

86. 孙福权：《整合校企资源，构建ERP人才培养的供应链模式》，《计算机教育》2007年第12期。

87. 唐舜：《珠三角中小物流企业人才流失原因及对策》，《中小企业管理与科技（下旬刊）》2010年第6期。

88. 童文军、王广发：《自由企业经济下的中小企业人才战略管理研究——基于人力资源营销理论的视角》，《科技管理研究》2011年第11期。

89. 汪国华：《柔性管理在企业经济管理中的应用分析》，《城市建设理论研究》2013年第24期。

90. 汪华林：《人才聚集：发展产业集群的基础保障》，《经济问题探索》2004年第12期。

91. 汪力斌、李小云：《人力资源开发的理论基础》，《中国人力资源开发》2002年第2期。

92. 汪涛、万健坚：《西方战略管理理论的发展历程、演进规律及未来趋势》，《外国经济管理》2002年第3期。

93. 王春茹：《知识型员工激励的管理心理学分析》，《天津商学院学报》2005年第2期。

94. 王建莲：《试论我国高技能人才培养与开发的路径》，《湖南行政学院学报》2007年第5期。

95. 王建生：《企业人才管理的探索》，《山西建筑》

2008 年第 33 期。

96．王俊强：《中小企业人才激励之道》，《现代营销》（学苑版）2010 年第 7 期。

97．王垒：《加入 WTO 后中国人力资源管理与开发对策》，《中国人力资源开发》2001 年第 11 期。

98．王琦、席酉民、尚玉钒：《和谐管理理论核心：和谐主题的诠释》，《管理评论》2003 年第 9 期。

99．王荣：《中小企业人才流失的对策建议》，《企业研究》2010 年第 12 期。

100．王世英、胡家勇：《建立动态的企业人才链管理系统》，《现代管理科学》2006 年第 12 期。

101．王素娟：《我国中小企业人才管理现存问题及解决途径》，《河北青年管理干部学院学报》2011 年第 5 期。

102．王文青：《民营中小企业人才流失原因浅析》，《消费导刊》2007 年第 13 期。

103．蔚春燕：《知识型员工流动研究》，《人才开发》2001 年第 7 期。

104．文跃然、铸就：《"伯乐"素质，留住核心人才》，《销售与管理》2006 年第 2 期。

105．翁水茂、梁军、郭玉屏：《中小企业人才流失现象原因及对策》，《中国人才》2011 年第 14 期。

106．吴会江：《高校的人才供应链管理》，《沈阳工程学院学报》2007 年第 7 期。

107．吴建华：《对民营企业激励管理的思考》，《科技资讯》2006 年第 28 期。

108．项保华、罗青军：《安德鲁斯战略思想及其扩展》，《科研管理》2002 年第 6 期。

109. 谢洪明、刘常勇、陈春辉：《市场导向与组织绩效的关系：组织学习与创新的影响——华南地区企业的实证研究》，《管理世界》2006 年第 2 期。

110. 谢廷良、谭跃进：《构建核心科技人才的汇集机制》，《求索》2006 年第 6 期。

111. 谢瑶、戴宏斌：《浅析关键岗位人才储备机制的构建》，《中外企业家》2012 年第 15 期。

112. 熊惠珍、刘文琦：《企业人才流失危机管理初探》，《企业经济》2009 年第 5 期。

113. 熊建新：《关于我国企业人才管理的探索》，《中国信息化》2013 年第 14 期。

114. 徐房江：《浅谈人才储备管理发展阻力及其未来》，《黑龙江都市报》2009 年第 21 期。

115. 徐丽蕊：《关于中小企业人才流失问题研究》，《现代经济信息》2009 年第 13 期。

116. 徐莉、陈华：《我国高科技企业人力资源管理策略》，《企业天地》2006 年第 5 期。

117. 徐尚志、游达明：《国有企业技术人才逆向选择行为分析》，《硬质合金》2001 年第 4 期。

118. 许美霞：《浅析如何做好以人为本的现代企业管理》，《内蒙古科技与经济》2010 年第 14 期。

119. 杨浩磊：《人本管理视角下的企业人才管理机制探讨》，《中国商贸》2013 年第 35 期。

120. 杨明、牛晓明：《国有企业体制改革研究》，《市场论坛》2006 年第 3 期。

121. 杨兔珍：《中小民营企业人才流失现状及对策研究》，《技术经济与管理研究》2011 年第 10 期。

122. 杨翊、佘义：《高科技人才管理与对策研究》，《科学观察》2010年第1期。

123. 叶忠海：《高层次科技人才的特征和开发》，《中国人才》2005年第9期。

124. 陈红、张铱强：《员工流动决策过程研究与企业人才管理对策分析》，《经济师》2004年第1期。

125. 尹万全：《论我国民营企业人力资源管理现状》，《科技信息（科学教研）》2008年第3期。

126. 于媛：《企业加强人才队伍建设的几点思考》，《中国市场》2012年第19期。

127. 俞亚飞、吴红艳：《摩托罗拉、LG人力资源管理的特色与启示》，《中国质量》2005年第4期。

128. 张爱民：《"战略管理"概念的演进及其实质探析》，《现代管理》2011年第4期。

129. 张春霞：《高科技企业技术管理人才流失原因解析与对策探究》，《科技创业月刊》2006年第3期。

130. 张佃友、王涛：《美国和日本企业人力资源管理的启示》，《中国劳动》2002年第8期。

131. 张礼安：《关于我国基层中小企业吸引人才策略的研究》，《商场现代化》2010年第27期。

132. 张莉：《浅论企业如何取得较好的培训效果》，《科技情报开发与经济》2007年第23期。

133. 张曼晶：《中小企业人才流失危机预警管理探究》，《中国商界》2009年第3期。

134. 张瑞岚：《浅析企业员工激励机制》，《内蒙古科技与经济》2006年第8期。

135. 张天运：《我国中小企业人才培养的途径》，《交通企业管理》2005年第3期。

136. 张晚明：《传统人事管理向人力资源管理的转变途径》，《煤炭经济研究》2000年第10期。

137. 张维迎：《质疑中国经理人的职业操守》，《中外管理导报》2001年第1期。

138. 张小兵、张泽蔚、徐叶香：《关于企业人才管理的思考》，《淮阴工学院学报》2013年第1期。

139. 张玉利、李华晶：《企业家与职业经理人融合路径分析》，《南开管理评论》2004年第4期。

140. 赵德学、王立民：《加强供应链管理，提升企业竞争优势》，《现代经济》2008年第7卷第3期。

141. 赵凤书：《中小企业人才流失的原因及对策分析》，《科技视界》2012年第9期。

142. 赵曙明：《中国人力资源管理三十年的转变历程与展望》，《南京社会科学》2009年第1期。

143. 赵西萍、惠调艳：《浅议职业经理人》，《江苏商论》2004年第4期。

144. 赵越懿：《浅谈外企人才管理给我们的启示——关于企业人才管理的思考》，《中小企业管理与科技》2010年第3期。

145. 郑玉川、郑谦：《中小企业人才现状及对策》，《当代经理人》2006年第1期。

146. 钟恩华：《浅议如何强化人力资源配置提高企业竞争能力》，《城市建设理论研究》2014年第1期。

147. 钟锦文、张晓盈：《家族企业对社会人力资本的吸纳浅析》，《企业经济》2004年第11期。

148. 周坤：《论人力资本的特征及其价值实现》，《中国科技论坛》1997年第3期。

149．周玲玲：《我国中小企业人才招聘现状研究》，《财经界》（学术版）2010年第10期。

150．周其仁：《市场里的企业：一个人力资本与非人力资本的特别合约》，《经济研究》1996年第6期。

151．周锐：《浅析日本中小企业的人才开发策略》，《商场现代化》2006年第30期。

152．周长春：《企业人才战略初探》，《江汉石油职工大学学报》2012年第25卷第2期。

153．朱洪军、徐玖平：《企业文化、知识共享及核心能力的相关性研究》，《科学学研究》2008年第4期。

154．朱雪里：《人力资源管理的新内容：人力资源营销》，《现代管理研究》2003年第1期。

155．诸琳：《试论高科技企业的人力资源管理》，《上海船舶运输科学研究所学报》2005年第1期。

156．邹火英：《浅议管理心理学视角下的人力资源管理和开发》，《中小企业管理与科技》2013年第3期。

157．邹亚军：《日本企业人力资源管理方式引发的思考》，《现代管理科学》2002年第11期。

（三）学位论文及报道

1．陈建鹏：《如何解决中小企业吸引人才难的问题》，硕士学位论文，对外经济贸易大学，2006年。

2．崔亦凯：《供应链管理在渠道管理中的应用》，硕士学位论文，昆明理工大学，2005年。

3．董如增：《中国高科技企业人才流动与管理研究探视》，硕士学位论文，中国科学技术大学，2003年。

4．冯刚：《JIT环境下采购供应链协同与优化研究》，硕士学位论文，电子科技大学，2007年。

5. 耿丽娟：《基于FCM的逆向物流供应商选择研究》，硕士学位论文，重庆大学，2010年。

6. 胡洪明：《科技人才管理研究》，硕士学位论文，武汉理工大学，2005年。

7. 黄艾：《高新科技企业知识型人才管理的研究》，硕士学位论文，武汉理工大学，2006年。

8. 焦莉莉：《我国中小企业人才流失危机管理研究》，硕士学位论文，哈尔滨工程大学，2008年。

9. 柯元珍：《企业核心员工组织忠诚度的实证研究》，硕士学位论文，重庆大学，2010年。

10. 兰新：《后金融危机背景下安徽中小企业发展研究》，硕士学位论文，安徽大学，2010年。

11. 李卉：《高新技术企业人才流失的影响因素分析及对策研究》，硕士学位论文，河海大学，2005年。

12. 林立：《加工贸易企业转型升级研究》，博士学位论文，中国社会科学院研究生院，2012年。

13. 刘凤霞：《基于SPA的高新技术企业R&D人员绩效评价与激励研究》，博士学位论文，天津大学，2005年。

14. 刘利：《现代企业人力资源开发与管理创新研究》，硕士学位论文，对外经济贸易大学，2003年。

15. 刘莉：《高新技术企业人才流动的动态管理研究》，硕士学位论文，湖北工业大学，2005年。

16. 吕红英：《我国民营企业人才流失与危机管理研究》，硕士学位论文，兰州大学，2006年。

17. 苏丹：《企业人力资源供应链研究》，硕士学位论文，贵州大学，2008年。

18．孙秀芳：《高新技术企业创新型员工培育研究》，硕士学位论文，石家庄经济学院，2009年。

19．孙毅：《高新技术企业的人力资源成本控制》，硕士学位论文，北京交通大学，2009年。

20．万英：《高新技术企业员工流动机理及控制策略分析》，硕士学位论文，北京交通大学，2008年。

21．王安平：《我国民营科技企业人才流失现状分析与对策研究》，硕士学位论文，西南师范大学，2005年。

22．王成吾：《美日企业人力资源管理比较分析》，硕士学位论文，吉林大学，2005年。

23．王伟强：《高新技术企业知识员工激励机制研究》，硕士学位论文，西北农林科技大学，2008年。

24．徐发辉：《科技型企业人才流失分析与对策》，硕士学位论文，天津大学，2004年。

25．徐宁：《国有企业科技人才流失原因分析与对策研究》，硕士学位论文，武汉理工大学，2003年。

26．张晋峰：《科技人才健康状况与对策研究》，硕士学位论文，山西大学，2003年。

27．赵丽娜：《高科技企业员工流动问题研究》，硕士学位论文，郑州大学，2007年。

28．周伟：《供应链管理在IT基础人才供应中的应用研究》，硕士学位论文，华中科技大学，2004年。

29．邹小荣：《高科技企业人才激励机制的研究》，硕士学位论文，武汉理工大学，2002年。

30．邹燕：《供应链管理模式在我国企业人力资源管理中的应用初探》，硕士学位论文，北京物资学院，2010年。

31．李跃：《上海生物产业集群自主创新研究》，博士学位论文，上海大学，2008年。

32. 王菲菲：《甘肃省中小企业人才管理研究》，硕士学位论文，兰州大学，2008年。

33. 王新：《论企业人力资源的优化配置》，硕士学位论文，哈尔滨工程大学，2003年。

34. 万弘：《Y公司人才管理与继任者计划案例研究》，硕士学位论文，中国海洋大学，2012年。

35. 刘申忠：《中西企业人本管理比较及启示》，硕士学位论文，南京师范大学，2009年。

36. 张伟强：《美国企业人力资源管理特征分析》，《上海师范大学学报》1999年第4期。

37. 韩金龙、韩金波：《加强现代企业科技人才队伍建设探析》，《胜利油田党校学报》2001年第3期。

38. 陈文钢：《国企人才资源激励机制的系统构建》，《胜利油田党校学报》2005年第1期。

39. 董敬芸：《日本企业人力资源管理模式及变革趋势》，《广东商学院学报》2004年第6期。

二 外文文献

1. Brain Drain Moves & Shaker, Peter F. Drucker, *The Practice of Management*, Collins, 2006.

2. So Young Sohn, In Sang Chang, Tae Hee Moon, "Random Effects Welbull Regression Model for Occupational Lifetime", *European Journal of Operational Research*, 2007.

3. Zehava Rosenblatt, Zaehary Sheaffer, "Brain Drain in Declining Organizations: Toward a Research Agend", *Journal of Organizational Behavior*, No. 4, 2001.

4. Bjrkman I., The Management of Human Resources in Chinese-western Joint Ventures, No. 3, 1999.

5. Taylor M. China's Talent Gap not Something Money Can Solve, No. 3, 2007.

6. Zheng, C., Soosay, C., Hyland, P., Manufacturing to Asia: Who Will Win the Emerging Battle for Talents Between Dragons and Tigers, No. 1, 2008.

7. Ma S., Trigo V., Winning the War for Talent for Managerial Talent in China, No. 3, 2008.

8. Farrell D., Grant A. J., China's Looming Talent Shortage: The Emerging Global Labor Market, No. 3, 2005.

9. Hartmann E., Feisel E. Schober, H., Talent Management of Western MNCs in China: Balancing Global Integration and Local Responsiveness, No. 45, 2010.

10. Teagarden M. B., Meyer J., Jones D., Knowledge Sharing Among High-tech MNCs in China and India: Invisible Barriers, Best Practices and Next Steps, No. 2, 2008.

11. Lawrences Kleiman, *Human Resource Management: A Tool for Competitive Advantage*, West Publishing Company, 1997.

12. Lawrences Kleiman, *Human Resource Management*, Peking, China Machine Press, 1998.

13. University of Vigo, "The Subsidy to Human Capital Accumulation in an Endogenous Growth Model: A Comparative Dynamics Analysis", *Journal of a Cross Economies*, No. 22, 2000.

14. Hugh Scullion, David G. Collings, Paula Caligiuri, "Global Talent Management", *Journal of World Business*,

2010.

15. David G. CoUings, Kamel Mellahi, "Strategic Talent Management: A Review and Research Agenda", *Human Resource Management Review*, 2009.

16. Ibraiz Tarique, Randall S. Schuler, "Global Talent Management: Literature Review, Integrative Framework, and Suggestions for Further Research", *Journal of World Business*, 2010.

17. Cappelli, "21 Century Talent Management", *Harvard Business Review*, 2008.

18. Anthony McDonnell, Ryan Lamare, Patrick Gurmigle, Jonathan Lavelle, "Developing Tomorrow's Leaders—Evidence of Global Talent Management in Multinational Enterprises", *Journal of World Business*, 2010.

19. Balkin, D. B., Gomez-Mejia, L. R., "Determnants of R&D Compensation Strategies in the High-tech Enterprises", *Journal of High Technology Management Research*, 1989.

20. Diaz, Maria Dolores S., Gomez-Mejia, Luis R., "The Effectiveness of Disorganization on-wide Compensation Strategies in Technology in Tensive Firms", *Journal of High Technology Management Research*, 1997.

21. Eppler M. J., *Making Knowledge Visible Through Intranet Knowledge Map: Concept, Elements, Cases*, Proceedings of the 34th Hawaii International Conferenceon System Sciences, USA, 2001.

22. Robert E. Lewis, Robert J., "Heckman, Talent Man-

agement: A Critical Review", *Human Resource Management Review*, 2006.

23. Elaine Famdale, Hugh Scullion, Paul Sparrow, "The Role of the Corporate HR Fiction in Global Talent Management", *Journal of World Business*, 2010.

24. Evi Hartmarm, Edda Feisel, Holger Schober, "Talent Management of Western MNCs in China: Balancing Global Integration and Local Responsiveness", *Journal of World Business*, 2010.

25. Paul lies, Xin Chuai, David Preece, "Talent Management and HRM in Multinational Companies in Beijing: Definitions, Differences and Drivers", *Journal of World Business*, 2009.

26. Kamel Mellahi, David G. CoUings, "The Barriers to Effective Global Talent Management: The Example of Corporate Elites in MNEs", *Journal of World Busmess*, 2010.

27. Axelrod, B., Handfield-Jones, H., & Michaels, E., "A New Game Plan for C Players", *Harvard Business Review*, 2002.

28. Schon Beechlerjan C. Woodward, "The Global 'War for Talent'", *Journal of International Management*, 2009.

29. Andrews, K., *The Concepts of Corporate Strategy*, Homewood. IL: Dow Jones-Irwin, 1971.

30. Ashtonc, Morton L., "Managing Talent for Competitive Advantage", *Strategic HR Review*, 2005.

31. Barnard C. I., *The Functions of the Executive*, Harvard University Press, 1968.

32. Barney J. B., *Gaining and Sustaining Competitive Advantage*, Pearson Education, 2002.

33. Batt R., "Managing Customer Services: Human Resource Practices, Quit Rates, and Sales Growth", *Academy of Management Journal*, 2002.

34. Becker B. E., Huselid M. A., "Strategic Human Resource Management: Where Do We Go from Here?", *Journal of Management*, 2006.

35. Boselie P., Dietz G., Boon C., "Commonalities and Contradictions in HRM and Performance Research", *Human Resource Management Journal*, 2005.

36. Boudreau J. W., Ranstad P. M., *Beyond HR: The New Science of Human Capital*, Boston, MA: Harvard Business School Press, 2007.

37. Boudreau J. W., Ranstad P. M., "Talentship, Talent Segmentation, and Sustainability: A New HR Decision Science Paradigm for Anew Strategy Definition", *Human Resource Management*, 2005.

38. Boxall P., Purcell J., *Strategy and Human Resource Management* (2ed), Palgrave Macmillan: Basingsoke, 2008.

39. Cappelli P., "Talent Management for the Twenty-first Century", *Harvard Business Review*, 2008.

40. Cappelli P., *Talent on Demand*, Boston, MA: Harvard Business School Press, 2008.

41. Chandler A. D., *Strategy and Structure: Chapters in the History of the American Enterprise*, Massachusetts Institute of Technology Cambridge, 1962.

42. Cheloha R., Swain J., "Talent Management System Key to Effectivesuccession Planning", *Canadian HR Reporter*, Vol. 18, No. 17, 2005.

43. Conger J. A., Fulmer R. M., "Developing Your Leadership Pipeline", *Harvard Business Review*, 2003.

44. David G. C., Kamel M., "Strategic Talent Management: A Review and Research Agenda", *Human Resource Management Review*, 2009.

45. Drucker, *The Practice of Management*, New York: Harper, 1954.

46. E. G. Chambers, M. Foulon, H. Handfield-Jones, S. M. Hankin and E. G. Michaels, "The War for Talent", McKinsey Quarterly, No. 3, 1998.

47. Forrester J. W., "Industrial Dynamics: A Major Breakthrough for Decision Makers", *Harvard Business Review*, 1958.

48. Gandossy R., Kao T., "Talent Wars: Out of Mind, Out of Practice", *Human Resource Planning*, 2004.

49. H. I. Ansoff, *Corporate Strategy*, McGraw-Hill Book Company, 1965.

50. Heinen J. S., O'Neill C., "Managing Talent to Maximize Performance", *Employment Relations Today*, 2004.

51. Huselid M. A., Beatty R. W., Becker B. E., "'A Players' or 'Apositions'? The Strategic Logic of Workforce Management", *Harvard Business Review*, 2005.

52. Kenneth R. Andrews, *The Concept of Corporate Strategy*, Richard D Irwin, 1987.

53. Kesler G. C., "Why the Leadership Bench Never Gets Deeper: Ten Insights about Executive Talent Development", *Human Resource Planning*, 2002.

54. Simon H. A., "Theories of Decision-making in Economics and Behavioral Science", *The American Economic Review*, 1959.

55. Smilansky J., *Developing Executive Talent: Best Practices from Global Leaders*, Chichester: John Wiley, 2006.

56. Steiner, G. A. and Miner, G. B., *Management Policy and Strategy*, New York and London: MacMillan, 1982.

57. Teece, D. J. and Pison, G. and Shuen, "A Dynamic Capabilities and Strategic Management", *Strategic Management Journal*, 1997.

58. Theodore W. Schultz, "Investment in Human Capital", *The American Economic Review*, 1961.

59. Sullivan J., *To Build, Buy or Trade Talent: That is the Question Behind Talent Management*, http://www.erexchange.com/Articles/default.asp?CID={B22548F2-AAD0-4551-83EC-561E0AE959EA}.

60. Lermusiaux Y., *Talent Management: A Definition*, http://www.taleo.com/blog/index.php?m=200505.

后　记

长期以来，我一直在苦苦思索：在知识经济背景下，在全球竞争的格局下，中国现代企业的成长发展之道是什么？经过多年的思考以及工作实践经验，我发现，企业的发展归根结底是人才的发展，企业管理的本质是人才管理，而要做好企业人才管理，要有战略眼光、战略思维以及战略性的管理实践。

从人才管理视角研究企业发展问题，是本书最大的创新之处。21世纪以来，人类进入知识经济时代，作为企业在残酷的市场竞争中取得优势地位的决定性因素在发生变化，人的因素特别是人才因素现在扮演着也必然会继续扮演越发重要的角色，企业为取得、保持住竞争优势的地位，实施科学而有效的企业人才管理战略势在必行。人才管理与人力资源管理相比，具有较大的进步意义，人才战略管理更具有创新性、开拓性、前瞻性和战略性；人才管理是把企业员工培养成"人才"而不是"人力"，"人才"与"人力"相比，"人才"是企业发展的原动力，是重要的战略资源。

本书对企业人才管理的本质进行深刻剖析，企业人才是企业所拥有的一种可以不断开发并使其不断增值的无形资源，指的是被企业挖掘并加以聘用的各类人员，具有增量性。通过对企业人才加以开发并进行科学的管理，能不断提高企业员工的专业知识、职业技能，提高其创造力，从而对企业物力财力等资源加以最大限度的开发利用。人才资源的无限性决定了它是企业宝贵的资源，在生产诸要素中最为活跃，具有较高的创造性和价值性，在企业供给侧结构性改革中发挥了重要的作用，带动了企业的生存发展，为企业带来巨大的经济效益。

  本书只是揭开了企业人才管理的冰山之一角，很多问题研究得并不深入、全面，甚至还存在诸多不成熟、不正确的论述，在此敬请各位专家和读者不吝赐教。

张　扬

2016 年 2 月